TIKÉA

Alderete, Jorge
Tikea : Rapa Nui y las islas del Pacífico Sur / Jorge Alderete ; traducción Maxwell Schnuer. -- Bogotá : Rey Naranjo Editores, 2018.
224 páginas : ilustraciones ; 21 cm.
1. Arte primitivo - Oceanía 2. Oceanía - Historia 3. Oceanía - Descripciones y viajes 4. Isla de Pascua (Chile) - Historia 5. Isla de Pascua (Chile) - Descripción I. Schnuer, Maxwell, traductor
II. Tít.
709.9 cd 21 ed.
A1591387

CEP-Banco de la República-Biblioteca Luis Ángel Arango

TIKE´A
Rapa Nui y las islas del Pacífico Sur

Traducción: Max Schnuer

Diseño:
Clarisa Moura

Fotografía:
Mariela Sancari, Pamela Enríquez

Edición y corrección:
Rey Naranjo Editores

ISBN Rústica: 978-958-8969-71-8
ISBN Tapa dura: 978-958-8969-63-3

Impreso en Colombia por Editorial Delfín S.A.S. / Printed in Colombia
http://www.reynaranjo.net/

TIKE'A

RAPA NUI Y LAS ISLAS DEL PACÍFICO SUR

RAPA NUI AND THE SOUTH PACIFIC ISLANDS

DR. ALDERETE

PÁGINA SIGUIENTE // *Dr. Alderete junto al Moai Puk, del libro* "Robots de Piedra. Los cultos robóticos de la antiguedad" *de Elmer Zymbalist*, Paadin.

NEXT PAGE // *Dr. Alderete next to the Moai Puk, from the book* "Rock Robots. The ancient robotic cult" by *Elmer Zymbalist*, Paadin.

TIKE´A RAPA NUI

POR JORGE ALDERETE

Aclaración

No soy antropólogo, ni arqueólogo, ni etnólogo, quizás los investigadores más habituales en llegar a la isla; no quiero probar ninguna novedosa teoría de cómo los moáis fueron desplazados desde la cantera del volcán Rano Raraku hacia los distintos *ahus* ubicados a kilómetros de distancia (el *mana*[1] es suficiente explicación para mí); tampoco investigo ninguna conexión extraterrestre o mística alrededor de esta cultura, ni intento descifrar su antigua escritura. Pero sí hice un descubrimiento, uno que los antiguos conocían bien: que la isla es una fuente de inspiración artística inagotable y poderosísima, incluso para cargar de una inspiración casi obsesiva a alguien como yo, que llegó a Rapa Nui desde muy lejos. Por consiguiente, este no es un libro de antropología, ni de arqueología, ni de etnografía, ni de historia, ni de viajes, ni de ovnis, ni esotérico, quizás tampoco sea literalmente un libro de arte, pero sin dudas es un poco de cada uno de estos.

La Isla de Pascua y sus misterios

Hace varios años atrás llegó a mis manos un libro sobre la Isla de Pascua que me apasionó de una manera insospechada. El libro es: *La Isla de Pascua y sus misterios*[2], de Stephen Chauvet, una obra que recopilaba hasta ese momento todo lo conocido sobre la civilización pascuense (raza, costumbres, política, religión) y la primera descripción completa de todas las esculturas y objetos artísticos ejecutados por los primitivos pascuenses y actualmente albergados en distintos museos alrededor del mundo; además incluye un capítulo íntegramente dedicado a la escritura *rongo rongo*. A

[1] *Mana*: energía espiritual atribuida sobre todo a los jefes y personas importantes de la comunidad.

[2] Publicado originalmente en francés en 1935 y en español en 1946, cuatros años antes de la muerte de su autor, quien jamás piso el suelo de la Isla de Pascua.

PÁGINA SIGUIENTE // *Rongo Rongo*, Jorge Alderete. México: 9° Congreso Nacional de Tipografía en México. Serigrafía, 2015.
NEXT PAGE // *Rongo Rongo*, Jorge Alderete. Mexico: 9th. National Congress of Typography in Mexico. Screenprint, 2015.

partir de ese momento dejé de lado la influencia tiki[3], muy presente en mi trabajo, y sin darme cuenta me volqué a un conocimiento más serio, comencé a leer libros y artículos de historia, viajes, geografía, arqueología y la etnografía de la isla. Leí todo lo que me encontrara, casi obsesivamente. Así descubrí, entre muchas otras cosas, clásicos del cine como *Les soleils de l'île de Pâques* dirigida en 1972 por Pierre Kast; o que grandes autores, que ya estaban entre mis preferidos, habían caído bajo el mismo influjo. Por ejemplo, Hugo Pratt, quien visitó la isla en 1980 para documentarse para uno de sus clásicos: *Mu*; o Miguel Covarrubias que, si bien no visitó Rapa Nui, la retrató en varias oportunidades.

Rapa Nui, fuera de Rapa Nui

Años más tarde, tuve la suerte de ver una gran exposición sobre Rapa Nui en Santiago de Chile: *Kuhane Rapa Nui en las Islas del Pacifico*, en el Centro Cultural Palacio de La Moneda. Fue la primera vez que me enfrenté a piezas que solo había visto por fotos o libros y fue impactante. Recuerdo haber dedicado parte del tiempo en la exhibición a seguir furtivamente a un personaje de pelo crespo y suéter rojo, quien, simulando ser un experto en el tema, le contaba a distraídos visitantes descabelladas historias basadas vagamente en historia o mitos de la isla. Por ejemplo, contó, parado frente a una vitrina que reunía varios ejemplares de moáis *Kava-kava*[4], que "*la primera vez que apareció uno de estos espíritus en la isla, lo vio un niño en la playa Anakena, pero que en realidad se trataba de una persona con lepra. Cuando el niño contó la historia de lo sucedido a su padre, este no le creyó, luego el padre se encontró con el leproso y le dio la mano. El padre del niño se quedó con la mano del leproso y la metió en un refrigerador... bueno, no se trataba de un refrigerador, en ese tiempo no existían y se usaban, en cambio, unas cajas de madera con hielo...*" (sic) y así siguió contando historias, una más inverosímil y falsa que la otra. En otras afirmaba que una supuesta máscara ritual de mimbre era usada por algunos pobladores como cunita para los niños o que la cabeza del Rey Hotu Matu'a se la llevaron los ingleses y la devolvieron momificada.

Luego, en algún momento de 2011, visité el British Museum, habíamos viajado a Londres junto con Clarisa, mi esposa, para realizar un trabajo de diseño. Recuerdo haber ido en varias oportunidades a visitar el moái de basalto de casi 2,5 metros de altura que se encuentra en el centro de la sala de la Polinesia. Fue la primera vez que vi cara a cara a un moái, a Hoa Hakananai'a en este caso, nombre rapanui que significa "Amigo Escondido o Robado". A este moái, si se lo llevaron los ingleses, y nunca lo devolvieron. Fue después de estos dos hechos que surgió la idea de traducir gráficamente todo este nuevo conocimiento que venía juntando en los últimos años, y así nació la fantasía de hacer una exposición en Rapa Nui.

El primer viaje

Mi plan original era viajar por primera vez a la isla con la excusa de montar la exposición, sin embargo y afortunadamente no fue así. Digo afortunadamente porque, gracias a este viaje, pude agregar una importante parte al cuerpo de mi exhibición y que tiene que ver con el presente, la actualidad y la cotidianidad de isla. En el año 2012, viajé por primera vez a la isla; en ese momento, todo el conocimiento que tenía acumulado por toneladas de investigación y lecturas se confrontó a la realidad. Esto fue determinante a la hora de encarar la exposición, ya no sólo como algo de carácter científico.

Guardo celosamente las libretas que dieron sustancia al pequeño libro *Rapa Nui. Libro de Bocetos* (Ediciones Acapulco, 2012). Las mismas libretas donde no sólo dibujé, sino que además me sirvieron como bitácora de viaje, y de las cuales transcribo algunos pasajes a continuación:

Junio 2012

Fui a comer a un restaurante argentino en la colonia Roma, fui solo, Clarisa estaba en la Sierra de Hidalgo con su proyecto de mujeres bordadoras. Cuando terminé de comer y pedí la cuenta, ésta vino junto con un anuncio de la aerolínea chilena LAN: dos por uno en boletos México-Isla de Pascua, en primera clase por 1500 dólares. ¡Una gran oferta que no podíamos dejar pasar! Acordamos la fecha del viaje con Clarisa por teléfono y compramos esos boletos. Las fechas: del 2 al 14 de octubre del 2012. En los días siguientes, avancé rápidamente en las ilustraciones sobre las islas

[3] La subcultura tiki surgió originalmente en los años 30, se presentó como un escape para la sociedad estadounidense de la postguerra, con una estética llena de playas, exotismo y chicas hermosas. Es una versión pop, algo plastificada, del imaginario polinésico.
[4] El moái *kava kava* es quizás la talla en madera más caracteristica de la cultura rapanui después de los moáis de piedra. La forma de estas tallas es casi siempre la misma con pequeñas variaciones: una figura masculina esquelética con vientre hundido y prominentes costillas, que es precisamente lo que significa la palabra rapanui *kava kava*. Estas figuras son una representación de los *aku aku* o espíritus de otro mundo.

Rongorongo
Se conoce con este nombre al sistema de escritura descubierto en la Isla de Pascua en el siglo XIX tallado primordialmente con puntas de obsidiana o dientes de tiburón, en su mayoría sobre tablillas de madera.

Si bien el trabajo de autores como el del epigrafista y etnógrafo alemán Thomas S. Barthel, del profesor e investigador italo-argentino de antropología José Imbelloni, y el lingüista y descifrador Steven R. Fischer, entre muchos otros, han contribuido al entendimiento de los 25 textos rongorongo existentes, este sitema de escritura, único en Oceania, no esta descifrado. No obstante se cree que las tablillas se deben leer de izquierda a derecha, de abajo hacia arriba. Iniciando en el extremo inferior izquierdo, continuar de manera lineal hasta el fin del renglón y luego darle la vuelta para seguir con el próximo renglon.
El cuerpo de escritura conocido esta formado por unos 120 glifos que mediante ligaduras y fusiones pueden formar entre 1500 y 2000 signos distintos.

TEXTO R: TABLETA **ATUA MATA RIRI**

LADO A

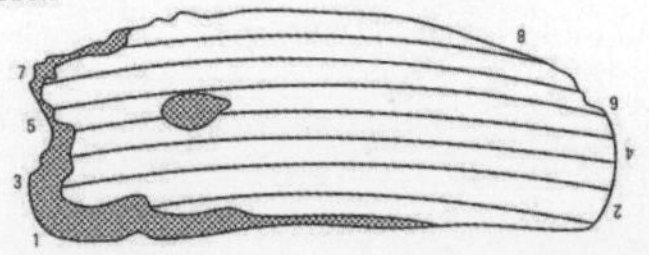

LADO B

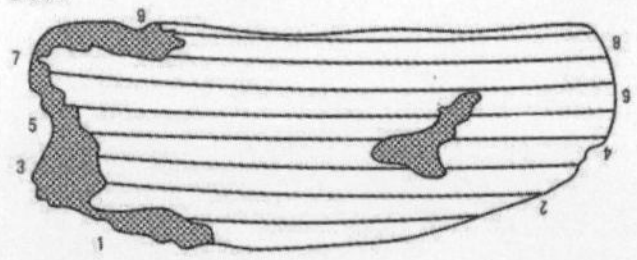

Atua Mata Riri
Esta tableta Rongorongo que contiene el Texto R es conocida también con el nombre Small Washington (la mas pequeña de dos tabletas Rongorongo que se encuentran en Washington). Actualmente se encuentra en el Departamento de Antropología del Museo Nacional de Historia Natural del Instituto Smithsoniano, de Washington USA. Fue comprada en 1886 en Rapa Nui por William J. Thomson y donada al Instituto Smithsoniano en 1890.

LADO A - LINEAS 1 A 8

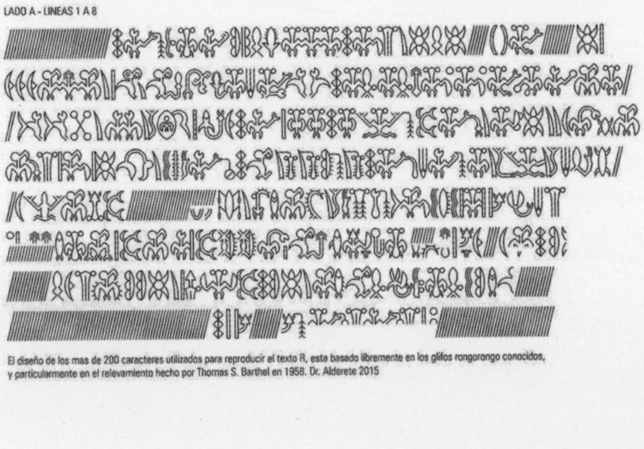

LADO B - LINEAS 1 A 9

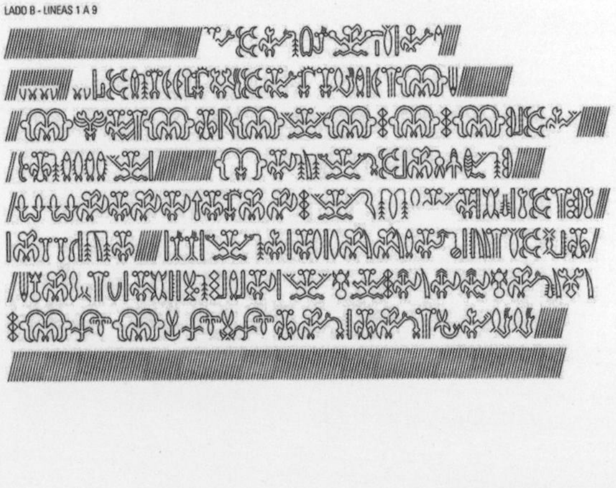

El diseño de los mas de 200 caracteres utilizados para reproducir el texto R, esta basado libremente en los glifos rongorongo conocidos, y particularmente en el relevamiento hecho por Thomas S. Barthel en 1958. Dr. Alderete 2015

del Pacífico Sur, terminé la serie de 12 piezas en esos días. Cuando me llamaron de la Sala de Arte Público Siqueiros (SAPS) para confirmar mi charla sobre la subcultura tiki, acordamos cambiarla por *El Continente Insular*, fue la primera vez que mostré parte de este trabajo en público.

Julio 2012

Empiezo a evaluar lugares donde hacer una futura exposición en la isla, el Museo de Antropología Padre Sebastián Englert, la Galería Mana, y el hotel Aukara, que también tiene una pequeña galería. El 9 de julio decidí enviar la propuesta por email al Museo. También le escribo a Benjamín Te Pou Huke, un artista que vive en la isla. Me llama la atención porque, entre otras cosas, dibuja historietas contando historias de su pueblo. Espero conocerlo. El 11 de julio, recibí una respuesta afirmativa del museo. Todo esto sucede mientras trabajo en los ajustes finales de mis libros *Sonorama* (Ed. La caja de cerillos, 2012) y *Otro yo* (Ed. Acapulco, 2012). Además de todos los preparativos para el festival Drawing (a)live que se realizó por primera vez en México. Esperábamos las visitas de Gary Panter, Helene Silverman, Fupete y Erika, hace un tiempo que no nos vemos. Intento varias veces comunicarme con el Museo por teléfono sin suerte. La tormenta solar del 13 de julio afectó las comunicaciones, me dijo la operadora de teléfono (¿?). El 31 de julio, di la charla sobre el continente insular en la SAPS en el ciclo *Huevos Revueltos*. Salió muy bien, pese a mis nervios.

Agosto 2012

Empiezo a ver "señales" de la isla en todos lados, moáis en las pantallas de una tienda de electrodomésticos, Rapa Nui en el circuito cerrado del Metrobús, me llaman de Outré Gallery en Australia para pedirme varias serigrafías con moáis, etc.

Septiembre 2012

Pasa demasiado tiempo entre mail y mail. Imagino que los tiempos en Rapa Nui no son los mismos que en el continente. Ocurre lo mismo con el Museo que con la renta de las cabañas donde nos alojaríamos durante nuestra estancia. Pese a todo, las respuestas finalmente llegan. El 4 de octubre agendamos una reunión en el Museo. La reservación en las cabañas Peretei está confirmada.

Octubre 2012

(Sólo algunas anécdotas sueltas que vienen anotadas en las libretas, mayormente dibujaba lo que veíamos). ¡Mañana viajamos a Rapa Nui!

Indefectiblemente, cada vez que mencionamos el viaje nuestro interlocutor comenta algo sobre "el reciente descubrimiento al excavar la base de las cabezas y descubrir los cuerpos de los Moais". ¿La prueba? Una fotografía de la expedición de Thor Heyerdahl de 1955 que ahora circula en las redes sociales como nueva. Al principio me tomaba la molestia de aclararlo, ya no lo hago más...

Preparamos las maletas, una llena de comida, nos recomendaron llevar comida envasada, todo en la isla puede ser muy caro. Preparé, además, mis libretas para dibujar, llevo varias, tintas pinceles, plumas y dos cámaras de foto estereoscópicas. Llegamos a las 6:50 de la mañana, en un vuelo prácticamente lleno, pese a nuestros deseos de llegar solos. Aún era de noche. En Mataveri, el aeropuerto, nos recibieron Margarita Soto y Elsa Pate, a quienes les rentamos la cabaña, con collares de buganvilias. Elsa nos llevó a la cabaña en su camioneta, atravesando Hanga Roa, era oscuro y no pudimos ver gran cosa, a pesar de la ansiedad. Decidimos dormir, no sin cierta culpa, comenzaba a amanecer. Despertamos cerca del mediodía, no habíamos calculado el cansancio de los últimos meses acumulados. Tengo una sensación extraña, alegría, ansiedad, emoción; por un lado, todo me es "familiar" y no quiero parecer un turista, por otro lado, eso soy.

Regresando a la cabaña esa tarde, el Sr. Pate (papá de Elsa) nos acercó en su camioneta. Habíamos pasado todo el día recorriendo el pueblo, el centro, la iglesia, el puerto de Hanga Piko, el mercado de artesanías. Recuerdo en particular una tienda que parecía una de tantas, pero con una selección de libros antiguos increíble: la edición original de *The Mistery of Easter Island* de Katherine Routledge (1919), una antigua edición inglesa de *A Voyage Round the World* de La Pérouse, etc. Volvimos con el cansancio de conocer el lugar ese esperado primer día. De todas formas, el Sr. Pate se quedó largo rato conversando: historias de su abuelo, de cuando la NASA amplió el aeropuerto, incluso la historia de la llegada del Rey Hotu Matu'a, quien fuera el poblador original de Rapa Nui, según se la contó su abuelo.

Día 2: Fuimos a Orongo, la antigua aldea ceremonial construida con motivo de culto al dios creador Make-Make y la competencia del Tangata-manu ("Hombre pájaro"). Caminamos por el sendero como hacían los antiguos, siempre de subida hacia el cráter del volcán Rano Kau, mayormente bajo un sol radiante, atravesamos un pequeño bosque y seguimos subiendo. Fue muy agotador, sobre todo para nosotros que no estábamos preparados físicamente. De todas formas, pese al cansancio, valió la pena, el cráter del volcán, con su laguna interna, es majestuoso, igual que la vista hacia los *motus* (islotes) desde Orongo. Únicamente lamenté no poder acercarme a los petroglifos realizados para el culto del hombre pájaro, el área estaba restringida por conservación. Antiguamente este poblado no pertenecía a ninguna tribu rapanui, aquí se alojaban los sacerdotes durante la competencia del Tangata Manu al comenzar la primavera. Aquí estaba erguido el moai Hoa Hakananai'a hasta que, en 1868, fue robado y trasladado al barco inglés HMS Topaze para terminar en Inglaterra.

Día 4: Visitamos el Ahu Akivi, uno de los pocos que esta levantado hacia el centro de la isla, al suroeste del volcán Ma'unga Terevaka, y que hace referencia a la leyenda de los siete exploradores que exploraron la isla antes de su primera colonización. Una tormenta de lluvia impidió que, llegando, bajáramos del auto. Así que, mientras esperábamos a que la lluvia cesara, prendimos la radio (radio Manukena, la única de la isla), sonaba una canción en rapanui que nos resultaba muy familiar. Más tarde descubrimos que se trataba de *Ivi* interpretada por el grupo Topatangi, una versión rapanui de *Flaca* de Andrés Calamaro.

Día 5: A finales del siglo XVII, toda la vida social de los pascuenses gravitaba en torno a la elección del Tangata Manu, "el hombre pájaro". Los competidores debían descender el acantilado de Orongo y nadar hasta el Motu Nui, allí debían esperar la llegada de las aves marinas, hasta que alguno de ellos pudiera conseguir el primer huevo del Manutara[5] y regresar a la aldea ceremonial cruzando nuevamente un océano lleno de tiburones. El ganador inmediatamente convertía a su jefe en el elegido por el dios Make Make para reinar la isla durante el año siguiente. No recuerdo la cantidad de veces que traté de imaginar cómo sería vivir la competencia del Tangata Manu y hoy estuve lo más cerca que podría de esta experiencia. Fuimos junto con Clarisa y tres amigas de Margarita en la lancha de Tu'u, su pareja, a visitar la costa del Motu Nui, el mayor de los tres islotes que se encuentran al suroeste de la isla, no dejé pasar la oportunidad de nadar en el mar a pesar de que el clima no era el mejor. El agua de un color azul intenso es totalmente transparente, y las imágenes que recuerdo del fondo son de otro planeta. Si bien estaba bastante picado debido al fuerte viento que soplaba, la experiencia fue increíble. De regreso, el motor de la lancha se averió, lo que nos tuvo a la deriva un buen rato. Cuando ya empezábamos a preocuparnos, marearnos y ver la costa más y más lejos, Tu'u sacó su celular y dijo: "acá hay señal: ahora puedo pedir ayuda".

El segundo Viaje

En 2013, un año después de mi primer viaje, retorné a la isla, esa vez viajé solo, para montar la exposición *Tike'a Rapa Nui y las Islas del Pacífico Sur* en el Museo Antropológico Padre Sebastián Engler. El nombre Tike'a es una palabra rapanui cuyo significado es una mezcla de mirar y saber, algo así como observar, presumo yo. Y, eso es lo que de alguna manera había estado haciendo yo alrededor de esta cultura.

Llegué a Rapa Nui el jueves 18 de julio de 2013 cerca del mediodía, viajé con una parte de la exposición conmigo. En Mataveri me esperaba Marlene Hernández, del Museo, con un collar de flores verdes y naranjas. Me encontré ahí mismo a Margarita, que esperaba a otros turistas, ya no estaba más con el Tu'u me contó. Nos fuimos al Museo y me instalé en mi habitación, detrás de la Biblioteca William Mulloy. Una sala amplia, un sillón, una cama, una mesa con 3 sillas y una bien equipada cocina. En la tarde, buscamos los cuadros que ya habían llegado desde Chile. Los envió mi amigo Manuel Córdova después de enmarcarlos en Santiago. Toda la exposición estaba ahora en el Museo. El día estaba ventoso, pero despejado, aproveché la tarde para dar un recorrido por el Tahai, el sitio arqueológico ubicado a pocos metros del Museo y donde está el único moái de la isla que tiene ojos. Se cree que una vez que un moai era instalado en su *ahu* (altar), se le colocaban los ojos fabricados con coral blanco y pupilas de obsidiana. En ese momento se consideraba que la estatua cobraba vida y podía proyectar el *mana* para proteger a su tribu. Por eso, todos los moáis miran hacia el interior de la isla, donde estaban los poblados y sus habitantes, y no hacia el océano.

En la mañana siguiente nos reunimos para empezar a montar la exposición. Estaban Marlene, la encargada de difusión; Francisco, el director del Museo; Paula, la encargada del laboratorio; y Lilian, la encargada de la biblioteca. Lo poco que vieron de la exposición en ese momento les encantó, sobre todo los retratos actuales, reconocen a todos, incluso a aquellos de quienes yo no supe su nombre hasta ese momento. Cuando ven el retrato del señor Pate, me cuentan que su esposa falleció hace unos meses. Lo siento mucho, conocimos a la señora en el viaje anterior. Recuerdo que nos sacamos una foto juntos, se preparó colocando una flor de su jardín sobre su oreja, y le puso otra a Clarisa antes de permitirnos hacer la fotografía.

En la tarde, me paseé por Hanga Roa y me encontré con algunos conocidos, los invité a la exposición. Des-

[5] Se denomina Manutara a cualquiera de las dos clases de gaviotines que anidan en el islote Motu Nui, al suroeste de la Isla de Pascua: *Sterna lunata* o gaviotín pascuese y el *Sterna fuscata* o gaviotín apizarrado. Aves migratorias en los que, antiguamente, se basaba el culto y la ceremonia del Tangata Manu u Hombre Pájaro.

pués trabajé un rato en la biblioteca. Copié parte de mi archivo de cultura pop para completar el archivo digital de la biblioteca. Fui al museo a ver el documental *Aku Aku* filmado durante la expedición de Thor Heyerdahl en 1955. Es en el único lugar donde pude ver ese documental que parece ser casi imposible de conseguir. Mientras estaba ahí, llegó una persona preguntando si existía algún estudio sobre los ojos de los moáis, porque, según él, eran demasiado grandes y podrían ser "el reflejo de una enfermedad de la tiroides que podrían haber sufrido los antiguos pascuenses" (sic).

Le pregunté a Lilian qué tan común eran este tipo de consultas en el Museo, con cara de sufrimiento y mientras asiente con la cabeza, me confiesa que era bastante habitual. Acto seguido, me cuenta la teoría de alguien que afirma que la ladera del volcán Rano Raraku había estado habitada por elefantes (¿?) que fueron quienes movían los moáis. Debido a mover tantos moáis, los elefantes habían sufrido de estrés lo cual los llevó a cometer suicidio masivo tirándose al mar por el acantilado del Poike. Esta persona habría escrito y publicado un artículo (que nunca encontré) desarrollando su teoría.

El sábado comencé a pintar el mural sobre la pared curva de la Sala de Exposiciones Temporales. Durante todo el sábado, domingo y parte del lunes pinté el mural con ayuda de Manuel, que viajó de Santiago con su familia para grabar el documental sobre esta exposición.

El martes fui a visitar Orongo, esta vez en un auto rentado. En la noche cenamos juntos con Manuel, Mymy y sus dos hijos. El miércoles en la mañana nos fuimos a recorrer distintas locaciones para grabar varias escenas del documental. Primero a Vinapú, el centro ceremonial cuya estructura está compuesta de grandes losas de basalto calzadas cuidadosamente, de manera similar a la de algunas construcciones incaicas de Cusco. Después, por el camino de la costa hasta el volcán Rano Raraku, la cantera donde fueron esculpidos todos los moáis de la isla. Inevitablemente, cada vez que voy, sigue sorprendiéndome su majestuosidad. Más tarde nos dirigimos a la base de rastreo óptico de la NASA que existe en el centro de la isla, un puñado de edificaciones, entre ellas un domo esférico, pintadas de verde y que le dan al paisaje un carácter aún más misterioso y lunar.

Llegó el jueves, el día que inauguramos la exhibición. Todo estaba listo desde temprano. No estaba realmente nervioso hasta que Marlene me comentó que Agterama, uno de los retratados (ver página 103), y que nunca había asistido al Museo, posiblemente iría a la inauguración, que es un personaje singular y controvertido y que no me preocupara mayormente si hacía algún comentario negativo, más aún sin saber que él mismo estaba retratado en la exhibición.

El coctel era realmente un banquete: ceviche sobre camote, empanadas, quesos, botanas de todo tipo, masas dulces, pastel de queso, vinos, jugos, todo adornado exquisitamente con flores tropicales.

Llegó mucha gente, incluidos algunos de los retratados: el señor Pate (ver página 107), el Tu'u (ver página 110) y Agterama. Después de unas palabras de presentación y bienvenida que dijimos en el jardín Francisco y yo, la gente pasó a ver la exposición. Incluso me animé con unas pocas palabras en rapanui[6]. La exposición tuvo, afortunadamente, muy buena recepción. Nunca dejó de existir la idea en mi cabeza de lo extraño que podía ser venir a mostrar esta muestra, realizada por un completo extranjero, sobre la cultura local. Pero, por otro lado, era importante para mí que este fuera el primer lugar donde la mostrara. Durante buena parte de la noche, muy cobardemente, evité encontrarme con Agterama, no quería saber si había resultado ofendido. Inevitablemente llegé el momento en que nos encontramos, y para mi sorpresa no sólo no estaba ofendido, sino que aprovechó para contarme variopintas historias, además de dejarme claro que él mismo era el rey de Rapa Nui. La realeza estuvo en mi inauguración, no podía sentirme más que satisfecho. Como en cualquier actividad nocturna en Rapa Nui, podía irse la luz, o llover, o ambas. Esa noche no llovió. Cuando la luz se fue, todos los asistentes, en lugar de desalojar la sala, sacaron de sus bolsos linternas y siguieron viendo la exposición.

La mañana siguiente la dediqué a llevar algunas copias del libro de bocetos a algunos de los retratados. Le dejé una copia a la mamá de Te Pou Huke (ver página 113) a quien habíamos conocido en el viaje anterior, él se encontraba en el festival Pasifika de Nueva Zelanda. A Bárbara (ver página 106), en el mercado de artesanías, y a Oscar (ver página 104), en su tienda, les dejé copias también.

Después de almorzar en el restaurante Te Moana con el equipo del museo, me pasó a buscar el señor Pate para darme un último recorrido.

Fuimos a Ana Kakenga, la cueva de las dos ventanas, donde la lava fluyó hasta el mar y salió por dos "ventanas" que dan directamente al acantilado. Intentamos entrar, ya lo había hecho en el viaje anterior, sin suerte, pero desistimos. Otra vez en el mismo lugar, y sin linterna, era imposible transitar la primera parte

[6] Si bien el idioma oficial de la isla es el español, el idioma rapanui está amparado en las leyes chilenas, y se calcula que hay alrededor de 2000 hablantes en la isla.

Corto Maltes en Rapa Nui. J'avais un rendez-vous (Tenía una cita), Hugo Pratt. Acuarela, 1994.
Corto Maltes in Rapa Nui, J'avais un rendez-vous (I had a date), Hugo Pratt. Watercolor, 1994.

de la cueva a oscuras. Seguimos el recorrido hacia su parcela, en el camino me contó más y más historias. Sobre su tía, quien en el pasado había huido a vivir a las cuevas cuando desistió de casarse con la persona que sus padres le habían designado; sobre su abuelo, que trabajo con William Mulloy en la restauración del Ahu Akivi; de él mismo, que después de trabajar con los norteamericanos en la ampliación del aeropuerto manejando maquinaria pesada, pasó a trabajar en el municipio y fue el responsable de hacer todos los caminos de la isla, gracias a ser el único que podía manejar la maquinaria para realizar la proeza. El recorrido terminó en su parcela, donde siembra de todo un poco: zapallos, taro, palta, camote, naranjas, repollo, etc. Ya de regreso, nos detuvimos en el camino porque varias vacas de su ganado se habían escapado y tuvimos que arrearlas. Más tarde me dejó en el Museo para que recogiera mis cosas antes de ir al aeropuerto. Me regaló además dos collares hechos con caracoles Pure[7], "para que siempre regreses", dijo.

[7] El caracol marino que antiguamente formaba parte de la dieta de la comunidad, también era utilizado como herramienta de trabajo, en la confección de artesanías, y con la finalidad de alisar y sacar brillo a distintas piezas de madera.

TIKE´A RAPA NUI

By Jorge Alderete

Corto Maltes en Rapa Nui, La Ballade de la mer salée (La Balada del Mar Salado), Hugo Pratt. Acuarela 1994.
Corto Maltes in Rapa Nui, La Ballade de la mer salée (The Ballad of the Salty Sea), Hugo Pratt. Watercolor 1994.

Clarification

I am neither an anthropologist, an archeologist, nor an ethnologist— possibly the researchers who most often visit the island. I do not want to prove any new theories about how the moais were moved from the Rano Raraku volcano quarry to the various *ahus* located several kilometers away (*mana*[1] is a sufficient explanation for me); nor do I investigate any extraterrestrial or mystic connections surrounding this culture, nor do I attempt to decipher their ancient writing. But I did make a discovery, one which the ancients knew well: that the island is an endless and powerful source of artistic inspiration, including setting off an almost obsessive inspiration in someone like me, who came to Rapa Nui from very far away. As a result, this book is neither anthropological, nor ethnographical, nor historical. It is not a travel book, nor a UFO book, nor an esoteric book, and maybe it is not even literally an art book, but without a doubt it is in some way all of that.

Easter Island and its Mysteries

Several years back a book came into my hands about Easter Island that unexpectedly inspired me. The book is called *Easter Island and Its Mysteries*[2] by Stephen Chauvet, a work that compiled everything known up to that point about the Easter Island population (race, customs, politics, religion) and was the first complete description of all the sculptures and artistic objects made by the primitive people of Easter Island, which are now kept in various museums around the world. The book also includes a chapter entirely devoted to *rongo rongo* writing. From this moment on I put aside the tiki influence[3] very present in my work, and without realizing I turned to a more serious kind of knowledge and began to read history, travel, geography, archeology, and ethnographic books and articles about the island. I read everything that I found, almost obsessively. Through that I discovered, among other things, cinematic classics such as *Les soleils de l'île de Pâques*, directed in 1972 by Pierre Kast. I also found that great authors, among them some of my favorites, had fallen under the same influence. For example, there was Hugo Pratt, who visited the island in 1980 to do research for one of his classics, *Mu*; or Miguel Covarrubias who, although he never visited Rapa Nui, portrayed it on several occasions.

Rapa Nui, Outside of Rapa Nui

Years later, I was lucky to see the great Rapa Nui exhibition in Santiago de Chile: *Kuhane Rapa Nui en las Islas del Pacífico (Rapa Nui in the Pacific Islands)*, in the Palacio de La Moneda Cultural Center. It was the first time that I stood in front of those pieces that I had only seen in photographs and books, and it impacted me greatly. I remember having dedicated part of my time in the exhibition to following somebody with curly hair and a red sweater, who, posing as an expert on the subject, told the distracted visitors absurd stories vaguely based on the history or mythology of the island. For example, he claimed, standing in front of a display that held various examples of the *Kava-kava*

[1] *Mana*: spiritual energy attributed above all to the leaders and important people in the community.
[2] Originally published in French in 1935 and in Spanish in 1946, four years before the death of its author, who never walked the earth of Easter Island.
[3] The tiki subculture first came about in the 1930s. It was presented as an escape for the postwar society of the United States, with an aesthetic filled with beaches, exoticism, and beautiful girls. It is a pop culture or plastic version of the Polynesian imaginary.

moais[4], that "the first time that one of these spirits appeared on the island, a child saw it on the Anakena beach, but in fact it was a person with leprosy. When the child told his father about the event, he didn't believe it. Later the father met the leper, who gave him his hand. The boy's father kept the hand and put in the refrigerator... well, it wasn't really a refrigerator, at that time they didn't exist and instead they used wooden boxes full of ice... [sic]." He continued to tell stories like that, each one more false and implausible than the last. In others, he claimed that some settlers used the ritual wicker masks as cribs for their children, or that the head of King Hotu Matu'a was taken by the English and returned in mummified form.

Later, at some point in 2011, I visited the British Museum. I had traveled to London with Clarisa, my wife, for a design project. I remember going several times to visit the basalt moai, almost 2.5 meters in height, located in the center of the Polynesia room. It was the first time that I was face-to-face with a moai, in this case a Hoa Hakananai'a, the name in the Rapa Nui language that means "Hidden or Stolen Friend." This moai was indeed taken by the English and never returned. It was after these events that I came up with the idea of graphically translating all this new knowledge that had been converging in recent years, and that is how the idea of putting on an exhibit in Rapa Nui was born.

The First Trip

My original plan was to travel to the island for the first time with the pretext of the exhibition, but fortunately that is not how it went. I say fortunately because, thanks to this trip, I was able to add an important component to the body of my exhibition, a part that has to do with the present time and daily life on the island. In 2012, I went to the island for the first time. In that moment, the knowledge that I had accumulated along my research and reading came head-to-head with reality. This was decisive when creating the exhibition, as something more than a scientific question.

I jealously guard the notebooks that gave substance to the small book *Rapa Nui: Sketchbook* (Ediciones Acapulco, 2012). Those are the same notebooks where I drew, and served as travel logs, and from which I will go on to transcribe several passages:

June 2012

I went to eat at an Argentinean restaurant in Colonia Roma, in Mexico City. I went alone— Clarisa, my wife, was in the Sierra de Hidalgo working on her project with woman embroiderers. When I finished eating and asked for the check, it came with an advertisement from the Chilean airline LAN: two-for-one first class tickets from Mexico to Easter Island for 1,500 dollars. It was a great deal that we couldn't miss! Clarisa and I agreed on travel dates over the phone and we bought the tickets. The dates: from the 2nd to the 14th of October 2012. In the following days, I made rapid advances in my South Pacific island illustrations and finished the twelve-piece series. When I received a call from the Siqueiros Public Art Room (SAPS) to confirm my talk on the tiki subculture, we agreed to change it to *El Continente Insular (The Insular Continent)*. It was the first time that I showed part of this work in public.

July 2012

I am beginning to look at places to have an exhibition on the island: Father Sebastian Englert Anthropological Museum, the Mana Gallery, and the Aukura hotel, which also has a small gallery. On July 9th, I decided to send a request by email to the Museum. I also wrote to Benjamín Te Pou Huke, an artist who lives on the island. He got my attention because, among other things, he draws comics that tell stories about his people. I hope to meet him. On July 11th, I received a positive response from the Museum. All of this is happening while I work on the final changes to my books *Sonorama* (Editorial La caja de cerillos, 2012) and *Otro yo* (Editorial Acapulco, 2012). This was on top of all preparations for the *Drawing (a)live* festival which was taking place for the first time in Mexico. We were looking forward to meeting Gary Panter, Helene Silverman, Fupete and Erika, whom we had not seen for a long time. I have tried to communicate several times with the Museum by telephone, without any luck. The solar storm on the 13th of July affected communications, the telephone operator told me (?). On the July 31st, I gave the talk about the insular continent in SAPS for the *Huevos Revueltos* series. It went well, despite my nerves.

August 2012

I have begun to see "signs" from the island everywhere: moais in the windows of an appliance shop, Rapa Nui on the Metrobus closed circuit television, Outré Gallery in Australia called me to ask for several prints with moais, etc.

September 2012

Too much time passes between each email. I imagine that time in Rapa Nui is not the same as continental time. The same thing is happening with the Museum as with the rental cabin where we will stay during our trip. Despite

[4] The *kava kava* moai is perhaps the most characteristic woodcarving of the Rapanui culture, after the stone moais. The form of these carvings is almos always the same, with small variations: a skeletal, masculine figure with a sunken belly and protuberant ribs, which is precisely what the Rapanui word *kava kava* means. These figures are representations of the *aku aku*, or spirits of the otherworld.

everything, the responses finally arrive. We planned a meeting for the 4th of October with the Museum. The reservation in the Peretei cabins is confirmed.

October 2012

(Only some stray anecdotes appear in the notebooks. I mostly drew what we saw). Tomorrow we travel to Rapa Nui!

Unfailingly, every time that we mention our trip, our interlocutor makes some comment about "the recent discovery of the bodies of the moais after excavating around the base of their heads." The proof? A photograph from Thor Heyerdahl's 1955 expedition, which is now circulating on social media as if it were new. At first I took the time to clarify the matter, but not anymore...

We got our bags ready, one filled with food; we were advised to bring canned food, as everything on the island can be very expensive. I also prepared my drawing notebooks, several of them, ink brushes, pens, and two stereoscopic photo cameras. We arrived at 6:50 in the morning, on a practically full flight, despite our hopes of arriving alone. It was still dark. In Mataveri, the airport, Margarita Soto and Elsa Pate, who were renting us the cabin, were waiting for us with bouganvillea necklaces. Elsa took us to the cabin in her truck, crossing Hanga Roa. It was dark and we couldn't see very much, despite our desire to see everything. We decided to sleep, not without a certain guilt, and day began to break. We woke up around noon. We had not calculated our exhaustion from those last months. I have a strange feeling, that of happiness, anxiety, excitedness. On one hand, everything is very "familiar" to me and I don't want to seem like a tourist. On the other, that is what I am.

Returning to the cabin that evening, Mr. Pate (Elsa's father) came up to us in his truck. We had spent the whole day walking around the town, the center, the church, the port of Hanga Piko, the artisan market. I particularly remember a store that seemed to be one of many, but with an incredible selection of antique books: the original edition of *The Mystery of Easter Island* by Katherin Routledge (1919), an early English edition of *A Voyage Round the World* by La Pérouse, etc. We returned tired from having spent that long-awaited first day getting to know the area. At any rate, Mr. Pate stayed a long time talking to us: telling stories about his grandfather, about when NASA expanded the airport, as well as the story of the arrival of King Hotu Mau'a, who was the original settler of Rapa Nui, according to his grandfather.

Day 2: We went to Orongo, the ancient ceremonial village built for the worship of the creator god Make-Make and the Tangata-manu ("Birdman") competition. We walked on the same path as the ancients, climbing up towards the crater of the Rano Kau volcano, mostly under a radiant sun. We crossed a small forest and continued climbing. It was very tiring, above all for the two of us, who were not physically prepared. At any rate, despite the tiredness, it was worth it. The crater of the volcano, with a lake inside, is majestic, as well as the view of the *motus* (islets) from Orongo. My only regret was not being able to get closer to the petroglyphs made by the Birdman cult. The area was restricted for conservation purposes. In ancient times this village did not belong to any Rapanui tribe, but it was here that the priests stayed during the Tangata Manu competition at the beginning of spring. The Hoa Hakananai'a moai stood here until, in 1868, it was stolen and taken to England on the HMS Topaze.

Day 4: We visited Ahu Akivi, one of the few groups of moai located towards the center of the island, to the southeast of the Ma'unga Terevaka volcano. The Ahu Akivi makes reference to the legend of the seven explorers who explored the island before its first colonization. When we arrived, a storm kept us from getting out of the car. While we waited for the rain to stop, we turned on the radio (Radio Manukena, the only station on the island), and a Rapanui song played that seemed very familiar to us. Later we discovered that it was *Ivi*, played by the band Topatangi, a Rapanui version of *Flaca* by argentinean musician Andrés Calamaro.

Day 5: At the end of the 17th century, all of the social life of the Easter Islanders revolved around the selection of the Tangata Manu, the "Birdman." The competitors had to descend the Orongo cliff and swim to the Moto Nui. There they had to wait for the arrival of the seabirds, until one of them could find the first Manutara[5] egg and return to the ceremonial village, once again crossing the shark-filled ocean water. The patron of the winner was immediately chosen by the god Make-Make to rule the island during the next year. I do not remember the number of times that I tried to imagine what it would be like to experience the Tangata Manu competition, and today I was as close as possible to this experience. Clarisa and I went with three friends of Margarita in the boat of Tu'u, her partner, to visit the coast of Moto Nui, the largest of the three islets that lie to the southeast of the island. I didn't let the opportunity to swim in the ocean to go to waste, although the weather wasn't the best. The water was an intense shade of blue and totally transparent, and the images that I remember seeing on the ocean floor are

[5] The two kinds of seabirds that nest on the Moto Nui islet to the southeast of Easter Island: *Sterna Lunata*, or the spectacled tern, and *Sterna fuscata*, or the sooty tern. They are migratory birds on which, in ancient times, the cult and ceremony of the Tangata Manu, or Birdman, were based.

Los Soles de la Isla de Pascua, Pierre Kast.
Francia, 1972.
The Suns of Easter Island, Pierre Kast.
France, 1972.

from another planet. The sea was rough because of the strong wind, but the experience was incredible. As we returned, the boat's motor broke down, which left us adrift for a good time. When we started to worry, to get seasick, and as the coast grew further and further away, Tu'u took out his cell phone and said, "Here I have some signal; now I can ask for help."

The Second Trip

In 2013, one year after my first trip, I returned to the island, this time alone, to work on the exhibition *Tike'a Rapa Nui y las Islas del Pacífico Sur (Tike'a Rapa Nui and the South Pacific Islands)* in the Father Sebastian Englert Anthropological Museum. The Tike'a name is a Rapanui word whose meaning is a combination of "to see," and "to know," something like observing, I presume. And, in some way this is what I had been doing around this culture.

I arrived in Rapa Nui Thursday the 18th of July 2013, around noon. I traveled with part of the exhibit. In Mataveri, Marlene Hernández, from the museum, was waiting for me with a necklace of green and orange flowers. I ran into Margarita there, who was waiting for other tourists. She told me that she wasn't with Tu'u anymore.

We went to the Museum and I set up in the room behind the William Mulloy Library where I would stay. It was a large room, with an armchair, a bed, a table with three chairs and a well-equipped kitchen. In the afternoon, we looked for the pieces that had arrived from Chile. My friend Manuel Córdoba had sent them after framing them in Santiago. The entire exhibit was now in the museum. The day was windy but clear. I took advantage of the afternoon to talk a walk through the Tahai, the archeological site located a few meters from the museum where the only moai with eyes on the island located. It is believed that once a moai was installed in its *ahu* (altar), its eyes are placed on it, made of white coral and obsidian pupils. At the time, it was believed that the statue guarded life and could project the *mana* to protect its tribe. Because of this, all the moais face towards the interior of the island, where the villages were, and not towards the ocean. The next morning, we met to begin to install the exhibition. Marlene, the head of publicity; Francisco, the museum director; Paula, the laboratory director; and Lilian, the library director, were all there. They loved what they saw of the exhibit in that moment, specially the contemporary portraits. They recognized everybody, including those whose names I did not know until that moment. When they saw Mr. Pate's portrait, they told me that his wife had passed away a few months before. I felt very sorry, as we had met her on our previous trip. I remember that we took a picture together. She got ready for it by putting a flower from her garden behind her ear, and she put another on Clarisa before letting us take the photograph. In the afternoon, I went by Hanga Roa. I saw some people I knew and invited them to the exhibit. After that I worked for a while in the library. I copied part of my pop culture archive to complete the library's digital archive. I went to the museum to see the documentary *Aku Aku*, filmed during Thor Heyerdahl's expedition in 1955. It is the only place where I could see this documentary, which seems almost impossible to find. While I was there, somebody came by asking if there were any studies on the eyes of the moais, because, according to him, they were too big and they could be "the reflection of a thyroid illness that the ancient Easter Islanders may have suffered [*sic*]." I asked Lilian if this kind of question was common in the museum. With a face full of suffering, she nodded her head and told me that it happened quite often. After that, she told me the theory she had heard from somebody that the slope of the volcano Rano Raraku had been inhabited by elephants who were responsible for moving the moais. Because they moved so many moais, the elephants suffered from stress that drove them to commit massive suicide, throwing themselves into the sea from the Poike cliff. This person had written and published an article (which I never found), expounding upon his theory.

On Saturday, I began to paint the mural on the curved wall of the Temporary Exhibit Room. I painted the mural all Saturday, Sunday, and part of Monday with the help of Manuel, who traveled from Santiago with his family to film the documentary about this exhibition.

On Tuesday I went to visit Orongo, this time in a rental car. At night I ate with Manuel, Mymy and their two children. On Wednesday morning, we went to several distant locations to record scenes for the documentary. First, we went to Vinapú, the ceremonial center whose structure is composed of large, carefully fitted basalt slabs, similar to some of the Incan constructions in Cusco. After that, we drove from the coast to the Rano Raraku volcano, the quarry where all of the island´s moais were sculpted. Inevitably, every time I go, I am surprised by its majesty. Later we headed to the NASA optical base in the center of the island, a handful of buildings, among them a spherical dome, painted green, which gives the landscape an even more mysterious, lunar character.

Thursday finally came, the day that the exhibit was inaugurated. Everything was ready early. I wasn´t really nervous until Marlene remarked that Agterama (see page 103), one of the people I had made a portrait of, might attend the inauguration. She told me that Agterama is a unique and argumentative person, and it shouldn´t worry me too much if he made some kind of negative comment, even more without knowing that he himself was portrayed in the exhibit.

The cocktail party was a banquet: ceviche served on sweet potato, empanadas, cheeses, all kinds of appetizers, pastries, cheesecake, wine, and juice, everything exquisitely adorned with tropical flowers.

Many people came, including some of those I had portrayed: Mr. Pate (see page 107), Tu´u (see page 110), and Agterama. After Francisco and I gave some words of welcome and introduction, everybody went in to see the exhibit. I even worked up the courage to say a few words in Rapanui[6]. Fortunately, the exhibit was very well received. The potential peculiarity of a complete stranger coming to present this work about the local culture never left my mind. On the other hand, it was important to me that this was the first place where I showed the work. For a good part of the night, like a coward, I avoided Agterama. I did not want to know whether he had been offended. Inevitably the moment came when we began to talk to each other. To my surprise, not only was he not offended, but he took the opportunity to tell me a number of stories, as well as making it clear that he himself was the king of Rapa Nui. My inauguration was attended by royalty—I could not have been more satisfied. Like any nocturnal activity in Rapa Nui, the power could go out, or it could rain, or both. That night it did not rain. When the power went out, all the assistants, instead of clearing out the room, took flashlights out of their bags and went on looking at the exhibit.

I spent the next morning taking copies of the sketchbook to several of the people I had portrayed. I left a copy for Te Pou Huke (see page 113), whom I had met on the earlier visit, with his mother. He was in the Pasifika festival in New Zealand at the time. I also gave copies to Bárbara (see page 106) in the artisanal market and Oscar (see page 104) in his store.

After eating in the Te Moana restaurant with the museum team, I went out to look for Mr. Pate to give me a last tour.

We went to Ana Kakenga, the cave with two windows, where lava flowed towards the sea and came out through

[6] Although Spanish is the island's official language, the Rapanui language is protected in Chilean law, and it is calculated that there are 2,000 speakers of the language on the island.

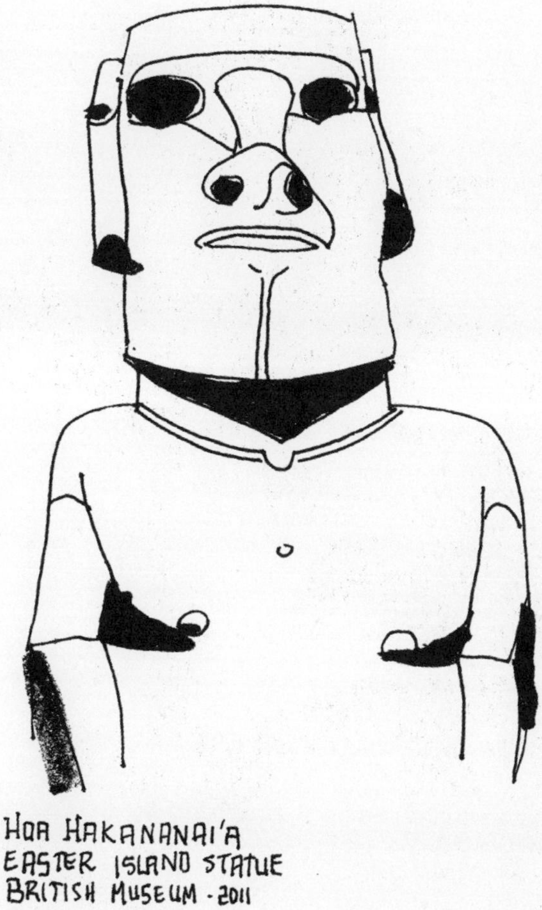

Dibujos sin título, Jorge Alderete. Publicados originalmente en *Otro Yo*, Mexico: Ediciones Acapulco, 2012.
Drawings (no title), Jorge Alderete. Published in *Otro Yo*, Mexico: Ediciones Acapulco, 2012.

two "windows" that open directly onto the cliff. We tried to enter, as we had on the previous trip, without luck, but we gave up. Once again in the same place, and without flashlights, it was impossible to go through the first part of the cave in the dark. We continued on towards his land, and on the way he told me more and more stories. He told me about his aunt, who in the past had fled to the caves when she refused to marry the person that her parents had chosen; about his grandfather, who worked with William Mulloy in his restoration of Ahu Akivi; and about himself, who after working with the Americans on the expansion of the airport, operating heavy equipment, went to work with the municipal government and was responsible for building all the roads on the island, as he was the only one who could handle the necessary machinery. The walk ended on his land, where he grows a little bit of everything: squash, taro, avocado, sweet potato, oranges, cabbage, etc. On our way back, we were delayed because a few cows had escaped from their herd and and we had to round them up. Later he left me in the museum to pack up my things before going to the airport. He also gave me two necklaces made from Pure[7] shells, "so that you will always return," he told me.

[7] The sea snail that in the past formed part of the community's diet. It was also used as a work tool, in the preparation of artisanal items, and for smoothing and polishing different pieces of wood.

TIKE´A EN RAPA NUI

POR FRANCISCO TORRES HOCHSTETTER

La exposición *Tike'a*, en el Museo Antropológico p. Sebastián Englert, en Rapa Nui, supuso un viaje a la memoria exótica que empapa las islas de los mares del sur. Una experiencia a la que se accede no sólo a través del contenido de la exhibición, sino, sobre todo, de la ilustración como medio de representación, lo cual nos recuerda vívidamente las imágenes que nos dejaron las primeras las expediciones europeas de los pueblos que habitan las islas de este vasto rincón del planeta.

Tike'a lleva al visitante por un recorrido que comienza en el imaginario de los primeros navegantes europeos, con imágenes que resumen los principales grabados hechos durante los viajes de exploración de los siglos XVII y XVIII, para luego arribar a Rapa Nui y presentarnos, a través de una serie de retratos, a aquellos personajes que con sus crónicas e investigaciones ayudaron a construir la leyenda sobre Rapa Nui y sus misterios, mezclando mito y verdad en un relato que aún fascina al mundo entero. La exposición continúa con un viaje a la fantasía y al humor con obras que, desde una perspectiva de arte Tiki, dan cuenta del carácter iconográfico que ha adquirido el Moai en la cultura popular. Y finalmente, concluye en una serie de retratos contemporáneos que Dr. Alderete realizó durante su primer viaje a la isla. Rostros trazados por un viajero moderno que vuelve para que los retratados puedan reconocerse en su mirada.

Acostumbrada al viajero que nunca vuelve y que se lleva retazos de los colores y texturas de sus paisajes y las sonrisas de sus habitantes, la comunidad Rapa Nui siempre agradece cuando aquellos fragmentos de lo que han sido vuelven para componer el mosaico de lo que son. Es de esta forma que *Tike'a* logró conectarse con la gente de Rapa Nui, que la visitó con entusiasmo. Sin embargo, quizás la mayor muestra del éxito de *Tike'a* se encuentra en el vínculo que el propio Dr. Alderete estableció con la gente de la comunidad, que trasciende el de un artista con el sujeto de su obra para dar paso al cariño, el mismo que en la isla extiende los brazos con un collar de flores y abre las puertas del hogar para compartir. Así pues, con *Tike'a*, Jorge dejó de ser aquel viajero extraño que algún día pasó por la Isla, para convertirse en el amigo que todos esperamos que vuelva.

The exhibit *Tike'a*, in the Father Sebastian Englert Anthropological Museum in Rapa Nui, is a journey into the exotic memory in which the islands of the South Seas are steeped. It is an experience that one enters not only through the exhibit's content, but above all, through illustration as a mode of representation. It vividly reminds us of the images of the people who inhabit the islands of this vast corner of the planet left to us by the first European expeditions there.

Tike'a takes the visitor on a journey that begins in the imaginary of the first European navigators, with images from the most important prints made during the exploratory voyages of the 17th and 18th centuries, and later returns to Rapa Nui with a series of portraits of those people who, through their writing and research, helped construct the legend of Rapa Nui and its mysteries, mixing myth and truth in a story that still fascinates the entire world. The exhibit continues into the realm of fantasy and humor with works that, from a Tiki art perspective, demonstrate the iconographic character that the moai have acquired in popular culture. Finally, it ends with a series of contemporary portraits that Dr. Alderete created during his first trip to the island— faces sketched by a modern traveler who returns to allow those portrayed to recognize themselves in his gaze.

Having grown used to the traveler who never returns and who carries off fragments of the colors and textures of its landscapes and the smiles of its inhabitants, the Rapa Nui community is always grateful when some of those fragments that have been taken return to join the mosaic they came from. It is in this form that *Tike'a* managed to connect with the people of Rapa Nui, who enthusiastically visited the exhibit. However, perhaps the greatest sign of the success of *Tike'a* can be found in the bonds that Dr. Alderete himself established with the people of that community, which transcend those of an artist and his subjects to those of kindness, the same kindness that leads the islanders to hold out their arms with flower necklaces and to open the doors of their homes to share with strangers. With *Tike'a*, Jorge stopped being that strange traveler that one day passed through the island, and became the friend who everybody hopes will return.

OCEANÍA, UN MAR DE ISLAS

POR JESÚS PACHECO

ISLAS MARSHALL

Si algo ha marcado la historia de ese archipiélago de Micronesia que hoy conocemos como Islas Marshall ha sido su intensa relación, en oleadas a lo largo de la historia, con los navegantes. Aunque no existen testimonios o registros históricos ni orales de aquella época, desde unos dos mil años antes de Cristo arribaron a sus numerosas costas personajes de espíritu colonizador. La navegación ha sido tan importante para quienes se desplazaron por su territorio que los objetos que quedaron como emblemas y testigos tan silenciosos como elocuentes del movimiento humano que por ahí trascurrió fueron esas cartas de navegación de apariencia rústica e intrigante –¿a alguien más le hacen pensar en intrincados atrapasueños?–, pero que constituyeron un significativo avance en la historia de la cartografía. Fabricadas con palos, fibra de coco y pequeñas conchas entretejidas que representan las islas de los alrededores, en esas artesanales y personalísimas cartas de navegación –nunca tenían un aspecto similar entre ellas y solo podían ser leídas por quien las hubiera creado– se representaban también los oleajes. Cualquier navegante sabe que las Islas Marshall representan todo un reto para la navegación, por sus más de cien kilómetros de tierra dividida en tres islas y 29 atolones, rodeados por anillos de coral que crecieron en los bordes de volcanes submarinos hace millones de años y que hoy yacen como apacibles lagunas. Todos esos fragmentos de arena, coral y plataforma continental han hecho tan complicada la navegación que quienes llegaron a pisar ese territorio llegaron a pensar que quienes ahí vivían habían sido colocados en la zona por Dios mismo... Y la estupefacción y las hipótesis descabelladas se multiplicaban cuando descubrían que nadie ahí usaba brújulas, mapas detallados o algún galeón que les permitiera desplazarse. La geografía de las Islas Marshall había hecho posible a los primeros habitantes analizar y estudiar las olas hasta predecir su comportamiento, y era el único medio que tenían para desplazarse si deseaban obtener comida, librar batallas, intercambiar bienes o encontrar nuevas parejas... Aquel conocimiento permaneció vedado para quienes no formaran parte de las comunidades, y quienes representaban a la autoridad amenazaban con quitarle la vida a quienes revelaran el conocimiento de navegación sin los permisos debidos. Se cuenta que, tras la llegada de los colonizadores europeos –Alonso de Salazar, un español, fue el primero en arribar de Europa en la primera mitad del siglo XVI– y el arribo de maneras más sencillas de desplazarse, menguó el interés por diseminar entre nuevos aprendices el arte de desplazarse con ayuda de las olas. Siguió practicándose en un atolón de nombre Rongelap, donde incluso hubo una escuela de *ri-meto* (navegantes). Tras las pruebas nucleares estadounidenses efectuadas a unos cientos de kilómetros de ahí en 1954, Rongelap se volvió inhabitable, y en los años siguientes comenzaría a extinguirse ese conocimiento junto con sus poseedores. En 2003, según se cuenta, murió el último *ri-meto* conocido, y aunque comenzaba a entrenar a algún nuevo navegante de las olas, es probable que para cuando se cumpla un siglo, o quizá antes, de aquellas pruebas nucleares, la sabiduría que les permitió a los marshaleses navegar con ayuda del mar desde tiempos inmemoriales formará parte del pasado extinto; aunque la fe nos haga desear que un día reaparezca, como hizo el atolón Nadikdik a principios de este siglo: desaparecido tras una tormenta que devastó fauna, vegetación y habitantes en 1905, renació poco más de cien años después, como un territorio particularmente fértil y rico en biodiversidad.

ISLAS CAROLINAS

Oro, ganado, sal, conchas marinas o especias han ocupado el rol de dinero a lo largo de la historia, entendiendo por dinero a todo aquel medio de intercambio aceptado entre dos partes. Lo reluciente, lo raro y lo hermoso ha servido para tales fines en la historia de la humanidad. Pero quizá uno de los momentos más peculiares al hablar de tipos de cambio en diversos rincones del planeta sea el que ha tenido lugar durante los últimos cinco o seis siglos en la isla de Yap, en el archipiélago micronesio de las islas Carolinas. Cuando se teclea "isla de Yap" en el buscador de imágenes en internet, se multiplicarán las fotografías de grandes discos de piedra con orificios en el centro. Son las piedras *rai* –"ballena"–, utilizadas hasta hace muy poco –o tal vez sigan utilizándose con esos fines– para realizar grandes compras, obtener terrenos o dar a manera de dote por los habitantes de Yap. Además de su forma, que podría hacernos pensar en monumentales monedas de ecos filipinos o japoneses, la piedra da pistas de su valor cuando se indaga un poco más: los habitantes de Yap trasladaban a su isla las enormes piedras calizas –que en casa no había– desde Palau, situada a varios cientos de kilómetros. Tallarlas y transportarlas significaba un gran esfuerzo, lo que les otorgaba su valor –que se incrementaba con el paso de distintos y distinguidos propietarios, o por la cantidad de gente que hubiera muerto mientras la piedra era trasladada–. Sobre el origen de la práctica de usar grandes piedras como moneda de cambio en aquel territorio suele citarse a un navegante y guerrero de Yap de nombre Anagumang, que un día arribó a las costas de Palau y quedó fascinado por la cantidad de piedra caliza existente. A cambio de *copra* –pulpa seca de coco– y abalorios, infrecuentes en Palau, consiguió grandes cantidades de piedra. Para transportarla a casa, ordenaba a su gente que le diera forma de disco para asegurar su traslado. Aquellas piedras sirvieron para rescatar prisioneros de guerra, acordar matrimonios, intercambiar tierras, hacer alianzas... Y dado que tampoco podían tallarse y trasladarse tantas de aquellas rocas, su valor permanecía alto. Una vez en Yap, las piedras solían quedarse inmóviles en el lugar al que arribaban, y adquirían una especie de valor de bien inmueble; su cambio de propietario se daba en acuerdos de viva voz que eran respetados al pie de la letra. En la segunda mitad del siglo XIX, un marinero irlandés –David Dean O'Keefe– descubrió una mina de oro en aquellas piedras: comenzó a rentar sus naves y utensilios a las autoridades de Yap para trasladar más y más de aquellos discos hacia la isla. Pronto, O'Keefe estaba viviendo en la opulencia –incluso autoproclamado rey– mientras el valor de las piedras iba en descenso, a la misma velocidad con que su rareza y el esfuerzo invertido en transportarlas había disminuido. Pero lo que en realidad acabó con la práctica fue la llegada del dólar como tipo de cambio acompañado de personajes provenientes de Alemania, Japón y Estados Unidos, con intenciones todavía más ambiciosas que ser reyes de Yap.

PAPÚA NUEVA GUINEA

Selvas, pantanos y montañas conforman el paisaje de Papúa Nueva Guinea, casi 463 mil kilómetros cuadrados de superficie en los que se distribuyen unas 700 tribus melanesias y papúes. Un territorio donde se hablan varios cientos de lenguas, lo que lo convierte en una de las zonas con mayor diversidad idiomática en proporción con su demografía. A esa multiplicidad ha contribuido su terreno, lleno de valles profundos y zonas escarpadas que han ayudado a mantener a las distintas tribus relativamente aisladas unas de otras. Esa convivencia de aires babélicos que viene de antaño la ha visto con suspicacia la mente conquistadora, incapaz de ver la tradición y el respeto –a los ancestros, al otro– como argumentos de peso y los probables motivos de que ahí se encuentren los restos arqueológicos más antiguos de toda Oceanía. A principios de los años 20 del siglo pasado, dos viajes a Papúa dejaron las imágenes fotográficas más elocuentes de Papúa, las del fotógrafo australiano Frank Hurley. En ellas es posible asomarse tanto a una Papúa controlada por Australia, en la que gobierno y los misioneros –Hurley llegó a Papúa para realizar un documental sobre el trabajo de los misioneros anglicanos en la región– ejercieron una fuerte influencia durante sus ocupaciones, como a la Papúa más tradicional. En sus imágenes podemos tener un asomo al choque cultural entre colonizadores y papúes, incluso desde el propio acercamiento del fotógrafo. Durante su segundo viaje por Papúa, en el que le acompañó el integrante de un museo australiano de Sidney, Hurley fue obteniendo cientos de objetos tradicionales, lo que desató la ira de quien se desempeñaba como gobernador lugarteniente, Herbert Murray, y le negaría regresar a filmar un nuevo documental.

El agradecimiento, el culto y el respeto hacia los ancestros se pone de manifiesto en los diversos rituales que todavía hoy perviven. Uno de ellos, quizá el más emblemático de todas las tribus que habitan Papúa Nueva Guinea, es la danza del fuego del pueblo Baining, llamado así por las montañas donde habitan. Algunos relatos sostienen que arribaron a ese sitio mientras huían de los Tolai y las hicieron su refugio permanente; otras versiones dicen que fueron orillados por la erupción de un par de volcanes cercanos que destruyeron su antiguo asentamiento. Durante la danza del fuego, se reúnen jóvenes y adultos –todos hombres– en torno a una fogata que poco a poco va creciendo en intensidad y tamaño hasta que ilumina la noche por completo y convierte las sombras de quienes atestigüen la ceremonia en bailarines involuntarios. Tras un rato de cantos y entrega hipnótica al crepitar del fuego, aparecen desde la oscuridad del bosque varias figuras de torso y piernas humanas pero con enormes cabezas que incluyen picos y ojos gigantescos y abiertos como lunas llenas. Pronto todos concentran su atención en el fuego, justo antes de lanzarse, uno a uno, hacia las llamas, aproximándose más y más en cada nuevo acercamiento. En cada carrera hacia el fuego, el desafío va creciendo hasta que los pies retan directamente a las brasas. Fragmentos incandescentes alzándose hacia el cielo nos hacen saber que el ritual está llegando a su clímax. El ritual de iniciación para los miembros adolescentes de la tribu alcanza su momento más álgido cuando uno de los hombres enmascarados camina hasta el centro de la fogata y parece ser engullido por las llamas, pero en realidad abandona por segundos su condición humana para convertirse en un semidiós y honrar a los muertos o celebrar de esa manera el comienzo de las cosechas o algún nacimiento.

ISLAS SALOMÓN

Cuando se piensa en las Islas Salomón, llegan de inmediato un par de resonancias bíblicas. La más evidente proviene de su nombre, adquirido porque en algún momento, allá por el siglo XVI, los españoles llegaron a creer que en su territorio hallarían la tierra de Ofir, de donde se decía que procedían los cargamentos de oro, plata, piedras preciosas, marfil y demás objetos valiosos con que era consentido cada tres años el Rey Salomón. En el lugar jamás hallaron las riquezas prometidas por las leyendas, pero el nombre se sostuvo. En estas islas melanesias se hablan aún hoy casi 100 lenguas indígenas, lo que hace pensar en la ciudad bíblica que provocó la divina confusión lingüística. Pero lo cierto es que la historia de las islas ha estado marcada por prácticas que podrían creerse alejadas de la mano de dios. Su condición estratégica como refugio de piratas, el tráfico de esclavos que prevaleció en el siglo XIX y principios del XX y su papel como territorio útil para labores bélicas durante la Segunda Guerra Mundial las convirtieron en islas diezmadas una y otra vez, incluyendo la devastación de las plantaciones, fundamento de la economía local, durante los combates. Muy recientemente, a finales del siglo pasado, hubo un conflicto –con enfrentamientos violentos y actos terroristas incluidos–, entre habitantes de dos de sus islas, Guadalcanal y Malaita, que alcanzó ecos internacionales, pues incluso necesitaron intervención de la *Commonwealth* para restaurar el orden en el país. El orden regresó, pero en su historia figuran, una y otra vez, desde problemas económicos hasta epidemias de malaria o zika y desastres provocados tanto por terremotos y tsunamis como por ciclones, cuyo impacto ha sido mayor debido a la incapacidad de los fondos marinos para desarrollarse por culpa de los restos de naufragios sucedidos durante la Segunda Guerra Mundial. Pero no todo ha sido una catástrofe de proporciones bíblicas. Estudios científicos realizados en las Islas Salomón han ayudado, por ejemplo, a subrayar la importancia de efectuar estudios genéticos en poblaciones aisladas, como lo fue el análisis genético que las universidades de Bristol y Stanford realizaron en 2012 para descubrir las razones de la ubicuidad del cabello rubio entre una buena parte de los habitantes de las islas pese a tener pigmentación oscura de piel –la más negra fuera de África–. Aquel estudio descubrió que esa peculiaridad tenía que ver con un gen independiente y que no se trataba del fruto del mestizaje o de la exposición a cierta dieta o al sol.

ISLAS FIYI

Se le atribuye al carácter guerrero de los habitantes de islas Fiyi, desde tiempos ancestrales, que los exploradores europeos no hayan arribado para establecerse sino hasta el siglo XIX. Es muy probable que cuando intentaron asomarse a una de las 333 islas que componen este archipiélago, hayan encontrado el territorio en conflicto interno, consiguiendo que su fama les protegiera de propósitos colonizadores entre los siglos XVI y XVIII. Y es muy probable también que sus prácticas culinarias hayan influido en mantener a raya a los posibles conquistadores: desde las invasiones de los malayos y los polinesios hasta los años 20 del siglo pasado, se tienen registrados casos de canibalismo. A tal disposición al conflicto y al consumo de carne humana podríamos atribuirle que las tallas en madera existentes en islas Fiyi sean más bien sencillas, nada elaboradas. Ellos, dedicados a la guerra; ellas, a la pesca. Pero también podría deberse a su disposición a vivir la vida a otro ritmo. Incluso se habla de un tiempo según Fiyi, una forma de referirse a su manera apacible, sin prisas, despreocupada, de realizar las actividades del día a día. Resulta fácil imaginar entonces que las tallas en madera fueran más bien dedicadas a esculpir objetos más prácticos, menos ornamentales. Entre esos objetos se encuentran los tenedores caníbales o *iculanibokola* que en su momento eran usados para evitar que los jefes de las tribus y los chamanes tocaran la carne humana con las manos –era un tema tabú– a la hora de consumirla, y que hoy continúan siendo parte del folclor, a manera de artesanía con macabro pasado, pues los descendientes de quienes practicaban el canibalismo siguen fabricando réplicas de aquellos tenedores que llegaron a convertirse en símbolo de estatus según su grado de elaboración. El hecho de que los habitantes primigenios de las Fiyi no oculten que alguna vez se practicó el canibalismo en la región ha sido descrito como uno de los principales rasgos de su cultura: saben que formó parte de la vida de sus ancestros, lo abrazan y lo usan como un impulso para la dirección futura de la nación. Saben que cualquiera que tenga presente de dónde viene puede beneficiarse de ello en su camino rumbo al futuro. En el acervo del Museo Nacional de las Culturas se encuentran varios de los objetos que Jorge Alderete incluyó en su ilustración inspirada en las islas Fiyi, como pudo verse en la exposición *Tike'a*, ¿pero contarán también con alguno de esos tenedores? En caso de que la colección esté incompleta, nos proponemos para la expedición que busque completarla… Ahora que conflictos, prácticas antropófagas y guerras mundiales se han detenido, y las Islas Fiyi se han transformado en lugar deseado de visita para viajeros en busca de bellezas naturales extraordinarias.

SAMOA

En 2019 se cumplen 90 años de la aparición de la primera edición de un libro peculiar: *Los Papalagi* ("hombres blancos" en supuesto idioma samoano), que reúne los supuestos discursos de Tuiavii de Tiavea, un presunto jefe samoano en contacto con Occidente. Erich Scheurmann, escritor, pintor y predicador alemán, presumía de haber recopilado las reflexiones de Tuiavii durante su estancia en Samoa. El libro ha pasado a la historia como un documento casi real, pues muchas de sus ediciones, en varios idiomas, no suelen consignar que podría tratarse de un testimonio fraudulento. Con el tiempo, se ha vuelto más importante la crítica al materialismo –"El metal redondo y el papel tosco" y "Los papalagi son pobres a causa de sus muchas cosas" son algunos de los títulos de los discursos donde el jefe samoano confiesa su estupefacción por el ánimo acumulador y obsesivo de los hombres blancos–, y a la deshumanización y al absurdo de las sociedades occidentales –en "Los papalagi no tienen tiempo", Tuiavii dice: "Los papalagi nunca están satisfechos con su tiempo y culpan al Gran Espíritu por no darles más. Sí, difaman a Dios y a su gran sabiduría dividiendo cada nuevo día en un complejo patrón, cortándolo en piezas, del mismo modo que nosotros cortamos el interior de un coco con nuestro machete (...). En Europa hay realmente poca gente que tenga tiempo. Puede incluso que ninguna. Esa es la razón por la que la gente corre por la vida como una piedra lanzada. Casi todos mantienen sus ojos pegados al suelo cuando caminan y balancean los brazos para llevar mejor el paso. Cuando alguien les para, le gritan malhumoradamente: '¿Por qué me has parado? No tengo tiempo'"–. Como puede intuirse, el personaje, muy probablemente inventado, es como esas mentiras que son un camino hacia la verdad. Cuando ha hablado o escrito sobre las trampas sagradas y la necesidad del lenguaje metafórico para comunicarse con nuestra parte no racional, Jodorowsky ha dicho que esas mentiras nos permiten decir la verdad con puentes mágicos hacia la realización de algo es esencial y verdadero. Scheurmann se permitió, tal vez sin proponérselo del todo y sin conseguir despojarse de un punto de vista con cierta superioridad, elaborar un personaje que mostrara sus reflexiones críticas a su cultura, tras el contacto con un pueblo que se le había mostrado original en sentimientos y pensamientos y más próximo a la esencia divina de la existencia: "En esta aproximación infantil a la realidad, a corazón abierto, reside, pese a su falta de respeto, el verdadero valor para nosotros los occidentales de los discursos de Tuiavii". En ediciones contemporáneas, *Los Papalagi* ha sido pubicado con geniales dibujos del holandés Joost Swarte, un motivo más –y muy en sintonía con el libro que tienes en tus manos– para buscar ese libro que ha sido llamado "un anómalo best seller universal" por el alcance e impacto que ha tenido tanto entre hippies como entre promotores de movimientos ecologistas y antiglobalización. Buscar el libro; familiarizarse con el jefe samoano ilustrado de Joost e imaginarlo conviviendo con los personajes que protagonizan la viñeta sobre Samoa: esa mujer portando el traje con que se baila la danza tradicional samoana Taualuga –esa que se extendió y adaptó por toda la Polinesia occidental–; ese jefe samoano vistiendo una tela, como la que formó parte de la exhibición en el Museo Nacional de las Culturas durante el paso de *Tike'a* por sus salas; y esa estatuilla en plena elaboración de la *kava*, la bebida alucinógena que preparaban los aumaga entre los samoanos. En el archipiélago de la imaginación hace completo sentido ese encuentro.

NUEVA ZELANDA

Nueva Zelanda es uno de los pocos lugares de Oceanía que tiene montes nevados. Además allí practican el célebre *ta moko* o arte del tatuaje, que usan los maoríes –originarios de la Polinesia– desde tiempos inmemoriales para narrar su ascendencia y la historia personal del portador. Clase social, habilidades, aptitudes para el matrimonio y conocimiento eran tatuados en la piel, un elemento corporal que constituye parte de su identidad. Para referirse al *ta moko*, se cuenta una leyenda, la de un guerrero, Mataora, que un día se enamoró de Niwareka, una princesa del mundo de los muertos. Ella ascendió al mundo de los vivos para casarse con Mataora, pero recibió malos tratos que la ahuyentaron y ella regresó a su dimensión. Mataora recapacitó y fue al mundo de los muertos a pedir perdón a la princesa y a su familia. No solo aceptaron las disculpas, sino que compartieron con él el conocimiento del *ta moko* para que Mataora lo enseñara al pueblo maorí. Los hombres solían tatuarse la cara entera; las mujeres, la barbilla, los labios y la nariz. Los tatuadores tenían un estatus de figura sagrada, se creía que podían leer la historia y el cuerpo del tatuado para crear el diseño que le representara a partir de sus facciones, su expresión y su bagaje. Se cuenta que llegó a ser tan fascinante la cultura del tatuaje para los exploradores europeos que llegaron a usarse cabezas tatuadas como moneda de cambio para conseguir dinero y armas. Otro talento muy apreciado entre los maoríes ha sido desde siempre el tallado en madera, que debía ser una de las habilidades de cualquiera que aspirara a un cargo importante. En un principio, se utilizaban cinceles hechos de piedra, pero a la llegada de los europeos, el metal fue adoptado. Entre las tallas más comunes –además de objetos utilitarios como canoas– se encontraban las *parata*, o cabezas talladas de manera realista para ser colocadas en la proa de las canoas o en los tejados de las casas, y las *koruru*, máscaras de ojos desorbitados que representan a sus ancestros; si son representados con doble lengua, quiere decir que había sido un orador importante entre la tribu. El gesto que solían darle al ancestro para inmortalizarlo era el de alguien desafiando a un enemigo. Sacar la lengua en la cultura maorí era usado como un modo de intimidar; solía formar parte de los cantos de guerra que precedían a la batalla. En años recientes, este gesto fue retomado por los jugadores neozelandeses de rugby. Finalmente, mencionemos otro objeto importante de la cultura maorí: el *hei tiki*, la figurilla de nefrita verde con forma de feto; unos creen que representa a Tiki, el dios polinesio creador de la vida, mientras que otros lo ven como un talismán protector contra los espíritus de niños no nacidos. Más allá de la cultura maorí, a la nefrita se le atribuyen desde hace siglos propiedades curativas para los dolores de espalda, de riñones y contra los cólicos.

TAHITÍ

En las distintas cosmogonías de los pueblos que habitan las islas del Pacífico, los dioses no son solo poderosos y con atributos mágicos –como la predicción–, sino que poseen dimensiones gigantescas, son seres descomunales que hacen pensar en un mundo mitológico donde los habitantes del planeta somos apenas miniaturas manipulables. Mawi, por ejemplo, tenía un cuerpo inmenso que le permitía cargar la Tierra entera, y cuando debía moverse por alguna circunstancia, provocaba terremotos. Lo que Mawi era para Nueva Zelanda, Tangaloa lo era para otros lugares de Polinesia, como Tahití. Se narra que el mundo polinesio fue extraído del mar cuando Tangaloa se hallaba pescando, y el primer trozo que emergió de las aguas fue Tahití. Cuenta la leyenda que apenas aparecieron en la superficie las rocas tahitianas, la caña de pescar se rompió. Los relatos aseguran que todavía hoy puede ser vista en la isla de Hoonga la piedra en la que se atoró el anzuelo, y hasta hace muy poco se sostenía que una familia, Tui Tonga, tenía bajo su resguardo aquel anzuelo. Cabe mencionar también que en ese mundo de colosales proporciones divinas, el océano fue formado con el sudor de la frente de Tangaloa, copiosa transpiración provocada por sus labores construyendo la Tierra, que sucedieron como sigue: el dios samoano envió a su hija Tali, en forma de ave, a explorar el mundo acá abajo, pero como ella solo encontró mar, pronto su padre comenzó a lanzar piedras que se convirtieron en el archipiélago del que hoy forma parte Tahití. El primer cultivo que se dio en esas tierras, según Robert Latham en *The natural history of the varieties of man*, fueron las vides salvajes. Cuando esas vides fueron arrancadas y amontonadas, pronto se pudrieron y engendraron gusanos. De esos gusanos saldríamos los hombres y las mujeres.

Que una sola familia tuviera el mítico anzuelo, nos recuerda la monarquía que forma parte de la historia de Tahití en siglos pasados. En 1791, el reino de Tahití apareció, cuando un joven jefe, Out Vairatos, consiguió unir distintos reinos –Tahití, Moorea, Meetia y a los Tetiaroa– en una sola tribu. Asumió, entonces, el título de Rey de Tahití y fue conocido con varios nombres –Tu, Tinah, Outu– hasta que finalmente pasó a la posteridad como Pomare (que significa algo así como "pequeño tosido" y que aparentemente adoptó como un homenaje a su hija, la princesa Teri'inavahoroa, que murió de tuberculosis).

ISLAS MARQUESAS

De todas las islas polinesias, las Marquesas fueron las primeras que recibieron visitas de extraños, según se cuenta. A los exploradores europeos, encabezados por Álvaro de Mendaña y Neyra, se les atribuye tanto su hallazgo como su menosprecio, por tratarse de territorios en los que vieron pocos recursos valiosos. Además, había llegado ahí un par de décadas después de un fallido viaje para hallar las minas del Rey Salomón, en el que solo había podido nombrar todo lo hallado (islas, islotes, golfos...). Para un segundo viaje en el que se planteaba establecer una colonia en las Islas Salomón –tras varios años del rechazo de las autoridades coloniales–, se embarcó en cuatro barcos en 1595 junto a aproximadamente cuatrocientas personas dispuestas a fundar una pequeña sociedad. De camino a las Islas Salomón halla las Islas Marquesas, que renombra en honor al patrocinador de ese viaje, García Hurtado de Mendoza, el IV Marqués de Cañete. Mientras intentan ubicar el territorio ideal en alguna de las islas del archipiélago de las Salomón, un volcán en actividad se hace cargo de uno de los barcos. Poco después de fundar una colonia en una de las Islas Salomón, Álvaro de Mendaña enferma, pierde el control de la comunidad y muere ese mismo año, dando paso a un momento que suele ser citado como único en la historia naval moderna: su viuda, Ysabel Barreto, asume el mando de la flotilla para encaminarse a las Filipinas, a donde llegarán solo con uno de los cuatro barcos. La historia de esa segunda expedición es narrada por Robert Graves en *Las islas de la imprudencia*, una novela en la que se asoman las dinámicas personales –envidias, celos, avaricia, impulsos criminales...– entre los protagonistas de aquel viaje como probables motivos del fracaso colonizador. Tuvieron que pasar casi dos siglos para que reapareciera el interés, de la mano del capitán James Cook, en aquellas islas del Pacífico sur. También a él y a sus exploraciones se les atribuye que una palabra se mudara de boca de los habitantes polinesios a ojos y oídos europeos: un naturalista que viajaba en el barco del capitán Cook, Joseph Banks, menciona por primera vez en sus diarios la manera en que los habitantes primigenios de las islas marcan sus cuerpos de manera indeleble; le llama "tattaw" y asegura que se trata de una práctica guiada por el humor y la disposición de los polinesios... Una manera poco precisa para referirse a una tradición que servía para comunicar información abundante de sus portadores, utilizada como signo de carácter, pero también de jerarquía y como manera de invocar poder espiritual, fuerza vital, y protección. La práctica del tatuaje –aprendida, según las leyendas, de los hijos de Ta'aroa, dios de la creación– aparece en todo lo narrado sobre las Polinesias, desde aquellas menciones de Banks hasta la crónica de viajes más reciente que podamos hallar. Junto al hombre tatuado de cuerpo completo y al jefe de una de las islas de aquel archipiélago, aparece en una de las viñetas una escultura humanoide de piedra, o tiki, que en la cosmogonía polinesia representan a antepasados míticos y dioses, siempre mostrados con grandes ojos, símbolo de sabiduría. En Hiva Oa, una de las islas Marquesas, se hallan todavía hoy algunos de los tiki de mayor tamaño, mostrando esa mueca que hace pensar en una sonrisa, un gesto hipnótico que pudo haber estado entre las razones por las que Paul Gauguin, a principios del siglo XX, o Jacques Brel, a mediados de los años 70, decidieron terminar ahí sus días, o una sonrisa que pudo haber servido como aliciente para Herman Melville durante su estancia, a mediados del siglo XIX, en Nuku Hiva, la isla más grande de las Marquesas. Ahí, Melville, tras desertar de un barco ballenero en el que trabajaba, vivió por varias semanas con los *typee*, una de las tribus con mayor fama de consumidores de carne humana de la región, antes de ser vendido a la tripulación de otro barco ballenero que lo sacó vivo de ahí. La experiencia sería narrada por Melville en su primer libro, publicado en Londres en 1846 –cuatro años después de su experiencia– y que hoy se ha convertido en todo un clásico de la literatura de viajes y de aventuras. La novela, *Typee*, que le valió el mote del hombre que vivió entre los caníbales y que fue probablemente su libro más popular mientras vivió, fue publicada en la primera mitad del siglo pasado con ilustraciones de Miguel Covarrubias, geniales interpretaciones con aires de cómic que le dan a la historia un aire de ficción que quizá debió haber tenido desde siempre. En esa edición ilustrada del libro, confluyen referentes fundamentales en la genealogía en la que se inscribe el libro que tienes en tus manos: literatura, Herman Melville, la cultura de la Polinesia y Covarrubias, un artista visual de impulso multidisciplinario –dibujo, arqueología y danza– que se documentó abundantemente para crear los dibujos de ese libro del cual no existe edición en español.

ISLAS SÁNDWICH

El archipiélago hawaiano –antes de ser Islas Sándwich, y mucho antes de ser Hawái– fue un paraíso inhabitado hasta mediados del milenio pasado. Se cuenta que los primeros grupos en llegar a establecerse en ellas provenían de las Islas Marquesas, a quienes siguieron más pobladores polinesios: llegó otra oleada humana alrededor del siglo XIV desde Tahití, llevando consigo su sistema feudal –jefes poderosos, sacerdotes, etc.–, con el que se expandieron por cuatro de las islas más grandes del archipiélago. En el siglo XVIII –el 30 de enero de 1778, según el libro *Robert Louis Stevenson: De Escocia a los Mares del Sur*, de Nicholas Rankin–, el célebre capitán inglés James Cook "descubrió" las islas –en realidad fue el primer europeo en llegar a ellas– mientras estaba en busca de un continente desconocido del que le habían llegado rumores. Cuando llegó a ellas, de inmediato las rebautizó en honor del almirante Sándwich, uno de sus mecenas y en aquellos días a cargo de la Naviera Real. En su primera visita, la relación de Cook y su tripulación con los nativos de las islas fue amable y basada en el intercambio de cosas metálicas, como monedas –sin valor alguno en aquellos parajes–, clavos y mosquetes –sin pólvora, balas o instrucciones de uso–, a cambio de agua y comida. Además esto sucedió en un momento muy favorable, sin duda, para los ingleses: a su arribo, los isleños se hallaban festejando a su dios, Lono, y vieron a los exploradores como personificaciones divinas. Pasaron ahí tres semanas con trato de dioses, pero cuando decidieron partir comenzaron los malos augurios... El destino, con su proverbial sentido de la justicia, hizo que Cook volviera en otra fecha importante, aunque con distinta carga simbólica, y fue recibido a golpes y puñaladas el día de San Valentín de 1779. Así describe Nicholas Rankin en su libro ambos arribos, diametralmente opuestos en trato: "Cook murió en fechas clave del calendario hawaiano por un problema simbólico que no llegó a entender. Había desembarcado al comenzar el año, coincidiendo con el festival hawaiano *makahiki*, que es cuando el benevolente Lono, dios de la lluvia y la agricultura, está en auge. Luego le llegaba el turno a Ku, dios de la guerra, y la política volvía a la normalidad. Las naves de Cook circundaban la isla de oeste a este; las velas del Resolution se asemejaban a los palos y las banderolas de tela de *kapa* que los sacerdotes de Lono llevaban bordeando la isla en el mismo sentido. Según la profecía, Lono volvía del mar: Cook encajaba en el papel, y lo trataron como a un dios. Pero el *makahiki* acaba con que la facción de Ku atraviesa simbólicamente a Lono con una lanza. Cuando Cook encabezaba un grupo de hombres que pretendían recuperar un bote robado, lo simbólico se tornó sangrientamente real. Una placa en la bahía de Kealakekua señala el lugar donde el explorador más notable de la Ilustración murió apuñalado. Con el tiempo, el mar ha ganado terreno, y ahora la placa está bajo las claras aguas del Pacífico, a 8 metros de la orilla". Cuenta la leyenda que el Capitán Cook no solo fue asesinado en aquel momento, sino que incluso tuvo un final digestivo, tras convertirse en comida ritual de los isleños. El dato no está comprobado, pero según Rankin, el cabello de Cook fue conservado por un hawaiano que aseguraba que iba a servirse del poder de aquella reliquia. Y podríamos decir que así fue si tomamos en cuenta que terminaría siendo el rey Kamehameha I. Aunque también tenemos la opción de atribuirlo a su propio temperamento, ese que logró confiscar armas de fuego y montones de barcos de mercaderes de focas, así como organizar a la población de las ocho islas del archipiélago para defenderse durante casi tres décadas. En las imágenes más célebres de los habitantes nativos que encontró a su llegada el Capitán Cook –de la autoría de William Hodges, uno de los dibujantes que viajaban en sus expediciones para realizar retratos de gente y costumbres– se les puede ver usando una especie de cascos que, al parecer, eran de naturaleza marcial.

ISLAS PITCAIRN

En un censo de diciembre del 2012, se asentaba que la población de Pitcairn era de 45 isleños residentes y 9 profesionales de otros lugares que se encontraban viviendo ahí. Varios de aquellos 45 isleños son descendientes de los participantes del motín del buque HMS Bounty. Pese a haber múltiples capítulos de tripulaciones amotinadas a lo largo de la historia, aquel capítulo alcanzó especial celebridad, quizá por quienes lo protagonizaron –el Capitán Bligh, a quien se le pinta en la historia como un tirano; el aristócrata Fletcher Christian; varias mujeres tahitianas; y un grupo de marineros conformado por bribones londinenses. Sucedido en abril de 1789 en aquellas islas del océano Pacífico –las más cercanas a la Isla de Pascua–, el motín fue encabezado por Fletcher Christian, y en él se consiguió que el teniente William Bligh fuera dejado a la deriva en el mar junto a casi una veintena de marineros de aquel barco que tenía la tarea de trasladar plantas de Tahití a las Indias Occidentales –hoy Bahamas y Antillas–. El motín inspiró cinco películas –una de ellas con Marlon Brando–, además de numerosos libros, entre ellos *La revolución de Pitcairn*, novela histórica de Mark Twain. Se cuenta que Pitcairn estaba mal ubicada en los mapas cartográficos, lo que la volvía invisible o difícil de localizar. Los amotinados, junto con varias tahitianas, establecieron una sociedad en la isla. Había menos mujeres que hombres, detalle que detonó conflictos en aquella sociedad recién formada, incluso llevando varios de ellos a la muerte. Varios de los que sobrevivieron se convirtieron al cristianismo, el cual se halla en los cimientos de la sociedad que hoy pervive en la isla. Cuando fue redescubierta la isla, la tuvieron por mucho tiempo como una sociedad modelo, idílica. Incluso fue uno de los primeros lugares en el mundo donde se implementó el sufragio femenino. Aquella sociedad aislada que inventó sus propias reglas y costumbres ha generado un profundo interés en individuos y organizaciones de todo el mundo, que se han dedicado a estudiar tanto la historia del motín como la genealogía de los amotinados –se dice que el árbol genealógico de aquel encuentro histórico podría extenderse a unos 7,500 descendientes conocidos, dispersos ya en distintos puntos del planeta. Pitcairn es mencionada todavía hoy como uno de los lugares más aislados del mundo. Quien quiera visitarla tiene que pasar al menos dos noches en el mar –a bordo del Claymore II, el buque del gobierno de Pitcairn, que hace 4 viajes a la isla al año–, antes de llegar a ella.

ISLA DE PASCUA

Los moái, esas estatuas gigantes que parecen mirar al horizonte en actitud vigía en Rapa Nui, se encargaron de convertir una de las islas más alejadas de territorio continental en una de las más conocidas. Probablemente se trate de la isla que más elucubraciones o teorías ha despertado –y sigue haciéndolo– sobre lo que sucedió en ella, no solo en torno a las estatuas, sino a la población que vivió en ella en tiempos remotos. Gran parte de la historia de Isla de Pascua está basada en un gran enfrentamiento entre dos migraciones distintas, una polinesia y otra continental que, según se afirma, podría haber sido inca. Se trató de dos grupos que llegaron a poblar la isla en distintos momentos: los orejas cortas –*Hanau E'epe* o "raza ancha"– y los orejas largas –*Hanau Momoco* o "raza delgada"–. Se cuenta que los orejas largas fueron los responsables de empezar con la talla de los moái, pero instruyeron pronto a los demás para picar piedra y esculpir más de esas estatuas que nos fascinan. Resultan fascinantes también todas las teorías que podemos encontrar diseminadas en la red sobre el descenso de la población isleña en algún momento de la historia, sobre la manera en que consiguieron mover los cientos de moái, en toda su inmensidad, hasta colocarlos en los lugares que terminaron ocupando. En distintos momentos del siglo pasado, hubo intentos de investigadores de recrear la mudanza de las estatuas, todas fallidas por diversas razones: desde poner en acción métodos y herramientas que pudieron estar al alcance de los antiguos habitantes hasta arrastres multitudinarios fallidos de réplicas que terminaron dañadas. Una de las investigaciones más recientes sobre el desplazamiento de los moai fue llevada a cabo por los norteamericanos Carl Lipo y Terry Hunt, quienes comenzaron su trabajo arqueológico en Isla de Pascua a principios de este siglo con discretas intenciones: solo deseaban añadir detalles a la historia que afirma que la sociedad antigua que habitaba la isla se colapsó por circunstancias ecológicas –se habla de que los nativos la deforestaron para hacer terreno a la agricultura, provocando un desequilibrio que fue acabando con los isleños–. De hecho, Lipo y Hunt sostienen que, aunque es cierto que acabaron con el bosque, lo reemplazaron con pastizales. En ello los apoya la antropóloga Mara Mulrooney, quien descubrió, vía huellas de carbón, que Rapa Nui estuvo poblada por siglos, hasta que comenzaron las visitas europeas frecuentes –en la primera mitad del siglo XVIII–. Además de que el estudio de Lipo y Hunt desmintió varias de las teorías que hablaban de una sociedad acabando consigo misma, confirmó las teorías que se creían sensacionalistas de que los moái habían sido trasladados con sogas haciéndolos moverse como si estuvieran caminando. Esas teorías habían sido descartadas por estar en sintonía con el folclor local, que afirma que las estatuas caminaron con ayuda de la magia. La magia de la ingeniería milenaria, habría que completar hoy, tras leer los resultados del estudio de Lipo y Hunt, que sugerimos buscar luego de cerrar este libro. Lo cierto es que aún permanecen en los terrenos de la especulación las razones para esculpir esos cientos de estatuas. Muchos investigadores se han quedado con la versión de que cada uno de los moai representan al jefe de una distinta familia. Pero quizá en un futuro sea develado el misterio y resulte que, efectivamente, tenían que ver con visitas extraplanetarias, o vuelva a ser tomado como cierto que era la manera en que rendían contundente y voluminoso tributo a los ancestros o a lo divino; por más descabellado o de plano incomprensible que resulte a las generaciones por venir.

MEKEO WOMAN
SEPIK RIVER
PAPUA NUEVA GUINEA

OCEANÍA, A SEA OF ISLANDS

By Jesús Pacheco

THE MARSHALL ISLANDS

If one thing has marked the history of this archipelago in Micronesia that is known today as the Marshall Islands, it has been its intense relation with seafarers, which has come in various waves throughout history. Even though there are no testimonies or historical records from this era, people arrived in their shores to colonize the islands around two thousand years before Christ. Navigation has been so important for those who have spread across its territory that the objects that have remained as emblems and testimonies to the human movement that occurred there, as silent as they are eloquent, are those rough, intriguing navigation charts. The charts remind one intricate dream catcher, but they constitute a significant advance in the history of cartography. Made from interwoven sticks, coconut fibers and small shells that represent the surrounding islands, these artisanal and highly personalized navigation charts, which never resembled one another and could only be read by the person who made them, also represent these high points of seafaring. Any sailor knows that the Marshalls are a challenge for navigation, with more than one hundred kilometers of land divided between three islands and 29 atolls, surrounded by rings of coral that grow on the edges of underwater volcanoes and that today lie like placid lakes. All those fragments of sand, coral, and continental shelf have made navigation so complicated that explorers who reached this territory came to believe that those who lived there had been placed there by God himself… And this stupefaction and absurd hypothesis multiplied when it was discovered that nobody there used compasses, detailed maps or any form of galleon that would allow them to travel in the region. The geography of the Marshall Islands made it possible for the first inhabitants to study the waves until they were able to predict their behavior. This was the only means they had to travel if they wanted to obtain food, fight battles, exchange goods or meet new partners. This knowledge was kept from those who were not part of the communities, and those who represented authority threatened to end the life of anyone who would reveal the knowledge of navigation without the required permission. It is said that, after the arrival of the European colonizers —Alonso de Salazar, a Spaniard, was the first European to arrive in the islands during the first half of the 16th century— and the availability of simpler means of transport, the interest in teaching to apprentices the art of traveling with the help of the waves diminished. The practice continued in an atoll named Rongelap, there was even a school for *ri-meto* (seafarers). After the USA carried out nuclear tests a few hundred kilometers from there, in 1954, Rongelap was rendered uninhabitable, and in the following years this knowledge died out along with its owners. In 2003, according to some stories, the last known *ri-meto* died. Even though he had begun to train a new navigator of waves, it is likely that in a century, or maybe less, after these nuclear tests, the wisdom that allowed the Marshallese to sail with the help of the sea since times immemorial will be part of the extinct past. Faith compels us to hope for its reappearance, like that of the Nadikdik atoll in the beginning of this century: washed away after a storm that devastated fauna, vegetation, and inhabitants in 1905, it was reborn a little over a hundred years later as a particularly fertile, highly biodiverse territory.

CAROLINE ISLANDS

Gold, livestock, salt, seashells and spices have been used as money throughout history, understood as currency for trade between two parties. The glittering, the rare and the beautiful have served this purpose for all of humanity's history. But maybe one of the strangest moments in the history of exchange was that which took place in the last five or six centuries on the island of Yap, in the Micronesian archipelago of the Caroline Islands. When one enters "Yap Island" into an online image search, one encounters a great number of photographs of large stone disks with holes in the center. They are the *rai*, or "whale stones", used until very recently –perhaps they are still being used for these purposes– by the inhabitants of Yap to make large purchases, obtain land, or give dowry. Even beyond their shape, which brings to mind monumental coins with echoes of Filipino or Japanese design, the stone gives a clue to its value when one does a little more research: the residents of Yap brought these enormous limestone rocks to their island —there is no limestone on the island— from Palau, a few hundred kilometers away. Cutting and transporting them was a great effort, which gave the stones their value, a value that increased with every distinguished owner, or with the number of people who had died during the transportation of the stone. The origin of the practice of using large stones as currency in that region is often traced back to a sailor and warrior from Yap named Anagumang, who arrived one day on the Palau coasts and was fascinated by the quantity of limestone there. Instead of *copra* (dried coconut pulp) and beads, uncommon in Palau, he gathered great quantities of stone. To transport them home, he ordered his people to form them into disk shapes to ensure their passage. These stones served to rescue prisoners of war, affirm marriages, exchange land, and form alliances. Given that it wasn't possible to cut and transport many of these stones, their value remained high. Once they were in Yap, the stones tended to remain in the places they were first brought to, and acquired a kind of real estate value. When their owners changed, it was through verbal agreements that were assiduously respected. In the second half of the 19th century, an Irish sailor, David Dean O'Keefe, discovered that the stone trade was a gold mine: he began to rent his ships and equipment to the authorities of Yap to bring more and more of the disks to the island. Soon, O'Keefe was living in opulence —to the point of proclaiming himself a king— while the value of the stones fell with the same rate that their rarity and the effort invested into transporting them had diminished. But what finally ended the practice was the arrival of the dollar as the means of exchange. Along with it came people from Germany, Japan and the United States who had even more ambitious plans than becoming the kings of Yap.

PAPUA NEW GUINEA

Jungles, swamps, and mountains make up the landscape of Papua New Guinea, almost 463 thousand square kilometers of surface on which some 70 Melanesian and Papua tribes are distributed. It is a territory in which several hundred languages are spoken, which makes it one of the world's most linguistically diverse zones in proportion to its population. The terrain has contributed to this multiplicity, with its deep valleys and steep slopes that have kept the distinct tribes relatively isolated from one another. The minds of conquering powers have viewed this babelic coexistence with suspicion, incapable of seeing the importance of their traditions and respect for ancestors or one another. They have been equally unable to see this as a possible reason that this area contains the most ancient archeological remains of all of Oceania. At the beginning of the 1920s, the Australian photographer Frank Hurley left us incredibly eloquent photographs of Papua after two trips to the region. These photographs give a glimpse of both the Papua controlled by Australia, in which the government and missionaries exercised a strong influence during its occupation (Hurley arrived in Papua to make a documentary about the work of Anglican missionaries in the region), as well as the more traditional Papua. Through his images, we can begin to understand of the culture shock between colonizers and Papuans, including the encounter with the photographer himself. During his second visit to Papua, in which he accompanied a member of an Australian museum, Hurley obtained hundreds of traditional objects, which incurred him the wrath of the lieutenant governor Herbert Murray, who did not allow him to return to film a second documentary.

The gratitude, worship, and respect towards ancestors manifest through various rituals that survive to this day. One of them, perhaps the most emblematic out of all the tribes that inhabit Papua New Guinea, is the fire dance of the Baining people, who get their name from the mountains in which they live. Some tales hold that they arrived at this site after fleeing from the Tolai, and made it their permanent refuge. Another version says that a pair of volcanic eruptions that destroyed their former settlement pushed them there. During the fire dance, young and adultl men gather around a bonfire that little by little increases in intensity and size until it completely illuminates the night and turns the shadows of those watching into involuntary dancers. After a period of chants and the hypnotic return to the crackling fire, from the darkness of the forest emerge various figures with human torsos and legs, but with enormous heads with beaks and gigantic eyes that are as open as full moons. Soon everyone focuses their attention on the fire, just before leaping, one by one, into the flames, getting closer and closer with each attempt. In each new run to the fire, the challenge increases until their feet make direct contact with the hot coals. Incandescent fragments fly up to the skies, letting us know that the ritual is reaching its climax. The initiation rite for the adolescent members of the tribe comes to its pivotal moment when one of the masked men walks toward the center of the bonfire and appears to be engulfed by flames, but in reality abandons his human form for a few seconds and is converted into a demigod, honoring the dead or celebrating the beginning of the harvest season or a birth.

SOLOMON ISLANDS

When one thinks of the Solomon Islands, one is immediately reminded of a pair of biblical references. The strongest is its name, acquired in a moment in the 17th century when the Spanish came to believe that the land of Ophir was located in the territory. It was said that shipments of gold, silver, precious stones, ivory, and other valuable objects were sent from there every three years to King Solomon. The goods promised by these legends were never found there, but the name remained. Almost one hundred indigenous languages are spoken today in these Melanesian islands, also leading to comparisons to that biblical city which provoked such divine linguistic confusion. However, what is certain is that the island has frequently been the site of practices that, one might believe, would distance them from the hand of God. Its strategic location as a pirate refuge, the slave traffic that prevailed in the 19th and the beginning of the 20th century, and its role as a useful territory for war-making during World War II have decimated the islands again and again, including the wartime devastation of the plantations that were the basis of the local economy. Very recently, at the end of the last century, there was a conflict —with violent confrontations and terrorist acts— between the inhabitants of two of its islands, Gudalcanal and Malaita, which had international reverberations, including the need for an intervention from the Commonwealth to restore order in the country. Order returned, but its history is punctuated by everything from economic problems to malaria and Zika epidemics, from disasters provoked by earthquakes, along with tsunamis to cyclones. The impact of these disasters has worsened because deep-sea ecosystems have not been able to develop properly on account of shipwrecks from World War II. But not everything has been a catastrophe of biblical proportions. Scientific studies undertaken on the Solomon Islands have helped, for example, to underline the importance of genetic studies in isolated populations. The genetic analysis conducted by the universities of Bristol and Stanford in 2012 investigates the reasons for the prevalence of blond hair among a good part of the islands' inhabitants, despite the dark pigmentation of their skin, the darkest outside of Africa. This study discovered that this peculiarity had to do with an independent gene that was not a result of miscengenation, nor from exposure to a certain diet or the sun.

FIJI ISLANDS

The fact that European explorers did not arrive to establish a colony in Fiji until the 19th century is attributed to the warrior spirit of the island's inhabitants. It is very likely that when Europeans attempted to settle in one of the 333 islands that make up the archipelago, they found it in internal conflict, and the islands' reputation protected them from colonial projects from the 16th to the 18th centuries. It is also very likely that their culinary practices helped to keep possible conquerors at a distance: since the Malay and Polynesian invasions until the 1920s, there have been recorded cases of cannibalism. We may attribute the simplicity of the wood carvings found on the island to the culture's disposition to conflict and the consumption of human flesh. The men are dedicated to war, the women to fishing. But it could also be due to their disposition to living life on a different rhythm. One even hears about a "Fiji time", a way of referring to the placid, unhurried, carefree manner that the inhabitants of Fiji carry out their daily activities. Thus, it is easy to imagine that these woodcarvings result from a desire to sculpt more practical, less ornamental objects. Among these designs one finds the cannibal forks, or *iculanibokola*, which in their time were used to allow tribal chieftains and shamans to avoid touching human flesh with their hands as they ate, which was a taboo. Today, these implements are still part of Fiji folklore, a kind of handicraft with a macabre past. The descendents of those who practiced cannibalism continue to make replicas of those forks, which have become status symbols, depending on their level of craftsmanship. The fact that the original inhabitants of Fiji do not hide the fact that at one point cannibalism was practiced in the region has been described as one of the principal traits of their culture: it formed part of the life of their ancestors. They embrace the practice and use it as a kind of impetus towards the direction of the nation in the future. They know that those who are aware of where they are from can benefit from that knowledge in their journey to the future. In the collection of the Museo Nacional de las Culturas one encounters several of the objects that Jorge Alderete included in his illustration inspired by the Fiji Islands, as can be seen in the *Tike'a* exhibit. But does it also include one of those forks? In case the collection is incomplete. We volunteer ourselves for the expedition that will attempt to complete it... Now that conflicts, anthropophagous practices and world wars have ebbed, the Fiji Islands have become a desirable place to visit for travelers in search of extraordinary natural beauty.

SAMOA

2019 marks the 90th anniversary of the appearance of the first edition of a peculiar book: *The Papalagi* ("white men" in an ostensible Samoan language), which collects the ostensible speeches of Tuiavii of Tiavea, an ostensible Samoan chieftain, in his contact with the West. Erick Scheurmann, a German writer, painter, and preacher, claimed to have compiled the reflections of Tuiavii during his stay in Samoa. The book has passed into history as an almost-real document, as many of its editions, in various languages, have not noted that the book may be a fraudulent testimony. With time, its critique of the materialism, dehumanization and absurdity of Western society has become more important —"The Round Metal and the Coarse Paper" and "The Papalagi Are Poor Because They Have So Many Things" are the titles of two of the speeches in which the Samoan chief confesses his astonishment at the white man's obsessive drive to accumulate—. In "The Papalagi Have No Time", Tuiavii is said to have proclaimed: "The Papalagi are never satisfied with the time they have, and blame the Great Spirit for not giving them more. Yes, they defame God and his great wisdom each new day in a complex pattern, cutting it into pieces, in the same way that we slice up the inside of a coconut with our machetes [...] In Europe there really are few people who have time. It could be that there are none. This is the reason that the people rush through their lives like rocks that have been thrown. Almost all of them keep their eyes glued to the floor when they walk and stick their arms out to steady their steps. When somebody stops them, they yell, bad-naturedly, 'Why did you stop me? I don't have any time.'" As one might guess, this character, probably invented, is one of those lies that may be a step towards the truth. Jodorowsky, when speaking or writing about sacred traps and the need for metaphorical language to communicate with our irrational side, has said that those lies allow us to tell the truth with magical bridges towards the manifestation of something that is essential and true. Scheurmann allowed himself, maybe without himself realizing it and without relinquishing his point of view from a position of superiority, to construct a persona that permitted him to develop his critical reflections of his culture through the contact with a people that seemed to him original in their thoughts and feelings and closer to the divine essence of existence: "In this childish approximation of reality, with an open heart, lies, despite its lack of respect, the true value for us in Tuiavii's speeches." In contemporary editions, *The Papalagi* has been published with fantastic drawings by the Dutch artist Joost Swarte, another reason —very much in line with the book that you have in your hands— to find this book that has been called "an anomalous universal best seller" for the reach and impact that it has had among hippies and advocates of the environmental and anti-globalization movements. Seek out the book and become familiar with the Samoan chieftain illustrated by Joost, and imagine him living with the personalities that appear in the vignettes about Samoa: the woman wearing the costume in which she performs a traditional Samoan dance, *taualuga* (which spread and was adapted by all of Western Polynesia); the Samoan chief dressed in the kind of cloth that makes up part of the exhibition in the Museo Nacional de las Culturas during the *Tike'a* residency; and the statuette that depicts *kava*, the hallucinogenic beverage that the aumaga prepared for the Samoans. In the archipelago of the imagination, this encounter makes total sense.

NEW ZEALAND

New Zealand is one of the few places in all of Oceania that has snow-covered peaks. There, the celebrated *ta moko*, or the art of the tattoo, has been practiced by the Maori —originally from Polynesia— since immemorial times to narrate their ancestry and the personal history of the wearer. Social status, abilities, suitability for marriage, and knowledge were tattooed into the skin, a corporal element that constitutes part of their identity. A legend is told about the *ta moko*: a warrior named Mataora one day fell in love with Niwareka, a princess from the land of the dead. She ascended to the world of the living to marry Maraora, but she was treated poorly and fled back to her dimension. Mataora reconsidered and went to the land of the dead to ask forgiveness from the princess and her family. They did not only accept the apology, but shared with him their knowledge of the *ta moko*, which Mataora brought back to teach to the Maori people. Men generally tattooed their entire face; women tattooed their chins, lips, and noses. The tattooists were reserved the status of sacred figures who could read the history and the bodies of those they tattooed in order to create the design that would represent their clan, their ways of expression, and their experiences. It is said that the culture of tattooing was so fascinating to European explorers that the Maori came to use tattooed heads as a currency to acquire money and weapons. Another highly appreciated talent of the Maori has been their aptitude for woodcarving, which was one of the abilities that anybody aspiring to an important position had to possess. At the beginning, wooden chisels were used, but metal would be adopted after the arrival of the Europeans. Among the most common carved objects —other than utilitarian objects such as canoes— one can find the *parata*, or heads carved in a realistic manner to be hung in the prows of canoes or from the roofs of houses, and the *koruru*, masks with exaggerated eyes that represented the ancestors. If they were depicted with a double tongue, it meant that they were an important orator among the tribe. Generally, the ancestors were immortalized with gestures that meant they were challenging an enemy. In Maori culture, sticking out one's tongue was used as a means of intimidation; it was often part of the war chants that preceded battle. In recent years, the gesture has been revived by New Zealand rugby players. Finally, we should mention another important object in Maori culture: the *hei tiki*, the figure made of green nephrite in the form of a fetus; some believe that this represents Tiki, the Polynesian god who is the creator of life, while others see it as a talisman of protection against the spirits of unborn children. Even beyond the Maori culture, curative properties for back pain, kidney disease and cramps have been attributed to nephrite.

TAHITI

In the distinct cosmogonies of the peoples that inhabit the Pacific islands, the gods are not only powerful, with magical attributes, such as the prediction of events, but are gigantic. They are colossal beings that make one think of a mythological world where the inhabitants of the planets are mere miniature toys. Mawi, for example, had an immense body that allowed him to carry the entire Earth. When he was for some reason compelled to move, he caused earthquakes. What Mawi was for New Zealand, Tangaloa was for other parts of Polynesia, such as Tahiti. It is said that the Polynesian world was extracted from the sea while Tangaloa was fishing, and the first piece that emerged from the waters was Tahiti. There is also the legend that as soon as the Tahitian rocks appeared on the surface, the fishing pole broke. The stories assert that even today on the island of Hoonga one can see the rock where the hook caught, and until very recently it was said that a family, Tui Tonga, was in possession of this hook. It is also worthwhile to mention that in this word of divine, colossal proportions, the ocean was formed in the sweat of Tangaloa's forehead. This copious perspiration was caused by his labor building the Earth, which happened thus: the Samoan god sent his daughter Tali, in the form of a bird,

KAVA
KAVA

to explore the world below, but as she only found ocean, her father soon began to throw rocks which became the archipelago that is today part of Tahiti. The first crops that grew in these lands, according to Robert Latham in *The Natural History of the Varieties of Man*, were wild grapes. When these vines were removed from the soil and piled up, they soon rotted and worms grew in them. From those worms came men and women. // The fact that one single family possessed the mythical hook brings us to the royalty that was part of the history of Tahiti in centuries past. In 1791, the kingdom of Tahiti emerged when a young chief, Out Vairatos, was able to unite several kingdoms –Tahiti, Moorea, Meetia, and the Tetiaroa– into a single tribe. He assumed the title of the king of Tahiti, and would be known by various names –Tu, Tinah, Outu– until he finally was known to posterity as Pomare (which means something like "little cough," and which he apparently adopted in homage to his daughter, the princess Teri'inavahoroa, who died of tuberculosis).

MARQUESAS ISLANDS

Of all the Polynesian islands, it is said that the Marquesas were the first to receive visits from foreigners. Both the discovery of and the contempt for these islands are attributed to the European explorers led by Álvaro de Mendaña y Neyra. These adventurers saw few valuable resources on the islands. Moreover, de Mendaña arrived there a couple of decades after a failed voyage to find the mines of King Solomon, in which he had only managed to name everything that he found (islands, islets, gulfs...). For the second voyage, in which he hoped to establish a colony on the Solomon Islands (after several years of rejection by the colonial authorities), he embarked in 1595 with four ships and about four hundred people who were willing to found a small society. En route to the Solomon Islands he found the Marquesas, which he renamed in honor of the patron of the voyage, García Hurtado de Mendoza, the Fourth Marquis of Cañete. While they attempted to find the ideal place to settle in the Solomon Islands archipelago, an active volcano demolished one of the ships. A little after founding a colony on one of the Solomon Islands, Álvaro de Mendaña became sick, lost control of the community, and died that same year. This was followed by an event that is often cited as being unique in modern naval history: his widow Ysabel Barreto assumed control of the flotilla to head for the Philippines, where she arrived with only one of the four boats. The story of this second expedition is told by Robert Graves in *The Islands of Unwisdom*, a novel in which the personal dynamics among the protagonists of the journey —envy, jealousy, greed, criminal impulses— can be seen as probable reasons for the failure of the colonial project. Almost two centuries passed before interest would reappear in those islands in the South Pacific, on the part of the captain James Cook. A word that came from the mouths of the islands' inhabitants to European eyes and ears is also attributed to him and his explorations: a naturalist who traveled in Captain Cook's ship, Joseph Banks, mentioned for the first time in his diaries the way in which the native inhabitants of the islands indelibly marked their bodies. He called it "tattaw" and assured that it was a practice rooted in the nature and disposition of the Polynesians... an imprecise way of referring to a tradition that served to communicate a great amount of information about its wearers. It was used as a sign of character, but also of hierarchy and a way of invoking spiritual power, life force, and protection. The practice of tattooing —learned, according to the legends, from the sons of Ta'aroa, the god of creation— would appear in every account of Polynesia from those mentioned by Banks to the most recent travel chronicles that we could find. Along with the man with tattoos covering his entire body and the chief of one of the islands of that archipelago, a humanoid sculpture, or *tiki*, appears in one of the vignettes. In Polynesian cosmogony the tiki represents mythical ancestors or gods, and is always represented with large eyes, a symbol of wisdom. In Hiva Oa, one of the Marquesas Islands, some of the larger tiki can still be found today, displaying the expression that makes one think of a smile. This hypnotic gesture could have been one of the reasons that Paul Gauguin, in the beginning of the 20th century, or Jacques Brel, in the middle of the 1970s, decided to end their days there. A smile like that could have served as the attraction for Herman Melville to stay, in the middle of the 19th century, in Nuku Hiva, the largest island in the Marquesas. There, after deserting from a whaling ship that he had been working in, he lived for several weeks with the *Typee*, one of the tribes with the greatest reputation in the region for consuming human flesh, before being sold to the crew of another whaling ship that carried him out alive. Melville would tell the experience in his first book, published in London in 1846 —four years after living it— and today has become a classic in adventure and travel literature. The novel, *Typee*, earned him the reputation as the man who lived among the cannibals. It was probably his most popular book during his life, and was republished in the first half of the last century with illustrations by Miguel Covarrubias. His fantastic, comic interpretations give the story the feeling of a work of fiction that it probably should always have had. In this illustrated edition of the book, fundamental references combine in the same genealogy to which the book that you now hold in your hands also belongs: literature, Herman Melville, the culture of Polynesia and Covarrubias, a visual artist with a multidisciplinary impulse: drawing, archeology, dance. Covarrubias made abundant use of his documentation to create drawings for that attractive book, which has not been published in Spanish.

THE SANDWICH ISLANDS

The Hawaiian archipelago —before it was known as the Sandwich Islands, and long before it was Hawaii— was an uninhabited paradise until the middle of the last millennium. It is said that the first groups to settle in the islands came from the Marquesas Islands, and were followed by more Polynesian settlers: another wave of humanity arrived around the 14th century from Tahiti, bringing with it its feudal system —powerful chiefs, priests, etc.— with which it expanded to four of the largest islands in the archipelago. In the 18th century (the 30th of January, 1778, according to the book *Dead Man's Chest: Travels after Robert Louis Stevenson* by Nicholas Rankin), the celebrated English captain James Cook "discovered" the islands —in reality he was the first European to arrive there— during his search for a rumored continent. When he arrived in the islands, he immediately renamed them in honor of the admiral Sandwich, one of his patrons and at that time the head of the Royal Navy. In his first visit, the relation between Cook and his crew and the island's natives was friendly and based on the exchange of metallic objects, such as coins (valueless there), nails and muskets (without gunpowder, balls or instructions on how to use them), in exchange for water and food. In addition, this was a moment that undoubtedly favored the English: when they arrived, the inhabitants of the island were celebrating their god, Lono, and saw the explorers as divine personages. Thus, they spent three weeks treated as gods, but when they decided to leave, the evil omens began to appear. Destiny, with its proverbial sense of justice, compelled Cook to return on another important date, but with a very different symbolic association, and the residents of the island received him with clubs and knives on Saint Valentine's Day of 1779. Nicholas Rankin describes both arrivals diametrically opposite in treatment: "Cook died on key dates in the Hawaiian calendar because of a symbolic problem that he never understood. He had disembarked at the beginning of the year, coinciding with the Hawaiian festival makahiki, which is when the benevolent Lono, god of the rain and of agriculture, is rising. Next is the turn of Ku, the god of war, and politics return to normal. Cook's ships circled the island from the west to the east; the sails of the Resolution resembled the sticks and kapa cloth banners that the priests of Lono carried around the island in the same direction. According to the prophecy, Lono would come back from the sea: Cook fit the role, and they treated him as a god. But the makahiki ends when Ku's faction symbolically impales Lono with a spear. When Cook led a group of men to retrieve a stolen boat, the symbolic turned bloodily real. A plaque in the bay of Kealakekua marks the spot where the Enlightenment's most notable explorer was stabbed to death. With time, the sea has gained territory, and now the plaque is beneath the clear waters of the Pacific, eight meters from the shore." As legend has it, Captain Cook was not only murdered in that moment, but he had a digestive final, becoming a ritual meal for the islanders. This claim has not been verified, but according to Rankin, Cook's head was conserved by a Hawaiian who was sure that the relic's power would help him. And it appears that it did, as that Hawaiian became King Kamehameha I. We also could attribute the king's ascension to his own temperament, a temperament that led him to confiscate firearms and a great deal of boats from seal merchants, as well as to organize the population of the archipelago's eight islands to defend themselves over the course of three decades. In one of the most celebrated images of the native inhabitants that William Cook encountered when he came to the island (by William Hodges, one of the draftsmen that traveled with the expeditions to make drawings of people and customs), one can see the island's residents using a kind of helmet that seems to be martial.

PITCAIRN ISLANDS

A census from December 2012 found that the population of Pitcairn consisted of 45 residents from the island and nine professionals from other places who were living there. Several of those 45 islanders were descendents of participants in the mutiny on the HMS Bounty. Despite the many instances of mutinous crews throughout history, this chapter reached special fame perhaps because of its protagonists: Captain Bligh, portrayed in the annals of history as a tyrant; the aristocratic Fletcher Christian; several Tahitian women and a group of sailors comprised mostly of London scoundrels. The mutiny occurred in 1789 in the Pacific islands closest to Easter Island, and was led by Fletcher Christian. Christian left Lieutenant William Bligh adrift in the sea along with almost twenty sailors. The boat they had been on was tasked with transporting plants from Tahiti to the West Indies, today known as Bahama and the Antilles. The mutiny inspired five movies (one of them starring Marlon Brando), as well as numerous books, among them *The Great Revolution in Pitcairn* by Mark Twain. Apparently, Pitcairn was mislocated on maps, which made it invisible or difficult to find. The mutineers, along with various Tahitian women, created a society on the island. There were fewer women than men, a detail which would spark conflicts in the recently formed society, including several deaths. Some of the survivors converted to Christianity, which would become part of the mortar of the society that still exists on the island. When the island was rediscovered, they had for a long time been living in an idyllic, model society. The island nation was even one of the first places in the world to implement women's suffrage. This isolated society that had invented its own rules and customs has generated a profound interest among individuals and organizations throughout the world, who have dedicated themselves to study the history of the mutiny as well as

TIKI

the genealogy of the mutineers. They have found that the genealogical tree that came out of this historical encounter could extend to some 7,500 known descendants, dispersed over the planet. Pitcairn is still mentioned today as one of the most isolated places on the planet. Those who wish to visit must spend at least two nights at sea, on board Claymore II, the Pitcairn government ship, which makes four trips a year to the island.

EASTER ISLAND

The *moai*, those giant statues that appear to vigilantly watch the horizon from Rapa Nui, have turned one of the islands furthest from continental territory into one of the best known. It is probably that island which has inspired the most fantasies and theories —and continues to inspire them— about what happened in it, not only with respect to the statues, but also to the population that lived there long ago. A large part of the history of Easter Island is based on a great encounter between two distinct migrations, one Polynesian and the other, it is said, which could have been Inca. There were two groups that arrived to populate the island in different moments: the short ears —Hanau E'epe, or "stocky race"— and the long ears —Hanau Momoco, or "thin race"—. It is said that the long ears were those responsible for beginning to carve the moai, but they quickly taught the others to chisel stone and sculpt more of those fascinating statues. The Internet is also rife with fascinating theories about the decline of the island's population at one point in history, as well as the way in which they managed to move the hundreds of moai, in all their immensity, to the places they ended up occupying. In various moments of the previous century, researchers have attempted to recreate the transport of the statues, all failed for various reasons: from using methods and tools likely available to the ancient inhabitants, to failed attempts at using crowds to drag replicas, which were damaged in the process. One of the most recent investigations of the transport of the moai was carried out by the North Americans Carl Lipo and Terry Hunt, who began their archeological work on Easter Island at the beginning of this century with different intentions: they only wanted to add details to the history that affirms that the ancient society that inhabited the islands collapsed because of ecological circumstances. It is often claimed that the natives deforested the island to make room for agriculture, provoking an imbalance that ended up bringing an end to the inhabitants. In fact, Lipo and Hunt sustain that, even though it is certain that they caused deforestation, they replaced the forest with pastures. The anthropologist Mara Mulrooney, who discovered through carbon dating that Rapa Nui was populated for centuries, until frequent European visits began in the first half of the 18th century, supports this claim. Lipo and Hunt disproved several of the theories about the society ending itself, and confirmed the theories that were believed sensationalist that the moai had been pulled by ropes, moving from side to side as if they were walking. Those theories had been dismissed because they were in accordance with local folklore, which holds that the statues walked with the help of magic. Magical ancient engineering, as we could say today after reading the results of Lipo and Hunt's study, which we suggest the reader look for after closing this book. What is certain is that speculation still exists about the reasons for sculpting those hundreds of statues. Many researchers have settled on the theory that each one of moai represents the chief of a distinct family. But maybe in the future the mystery will be revealed and it will turn out that the statues were related to extraterrestrial visits, or it will be taken for granted that this was the way they rendered a full, voluminous tribute to the ancestors or the divine, no matter how absurd or entirely incomprehensible it may be to later generations.

120º
140º
160º
180º
160º
trópico de cáncer
ISLAS CAROLINAS
Caroline Islands
ISLAS MARSHALL
Marshall Islands
Aolepān Aorōkin Ṃajeḷ
PAPUA NUEVA GUINEA
Papua New Guinea
Papua Niu Gini
ISLAS SALOMON
Solomon Islands
SAMOA
Samoa
Sāmoa
FIYI
Fiji
Matanitu ko Viti
trópico de capricornio
NUEVA ZELANDA
New Zealand
Aotearoa

140°
120°
100°
80°
tropic of Cancer
20°
HAWAI
o ISLAS SANDWICH
Hawaii or Sandwich Islands
0°
ISLAS
MARQUESAS
Marquesas Islands
Te Henua'enana
TAHITI
Tahiti
20°
tropic of Capricorn
ISLAS
PITCAIRN
Pitcairn Islands
ISLA DE PASCUA
Easter Island
Rapa Nui
40°
60°
27° 9' 10'' Sur (South)
109° 27' 17'' Oeste (West)
0 5 km
0 3 miles
RAPA NUI
0 1000 km
0 500 miles

PERSONAJES HISTÓRICOS

POR JORGE ALDERETE

Una aproximación a la historia moderna de Rapa Nui a travéz de algunos de sus protagonistas.

HISTORICAL FIGURES // An approach to the modern history of Rapa Nui through some of its protagonists.

JAKOB ROGGEVEEN

Marino holandés nacido en Middelburg en 1659. Considerando el primer europeo en entrar en contacto con Rapa Nui y bautizarla con su nuevo nombre: Isla de Pascua, el domingo de pascua de 1722. No existe un retrato conocido de Jakob Roggeveen, por lo cual este retrato está basado muy libremente en un retrato de su padre, el matemático Aarent Roggeveen. Su imagen es comúnmente confundida con la de Carl Friedrich Behrens (a la derecha de la imagen) quien fuera autor de uno de los primeros relatos publicados de esta expedición holandesa.

A Dutch explorer born in Middelburg in 1659. He is considered the first European to make contact with Rapa Nui, and the one who gave it its new name: Easter Island, on Easter Sunday of 1722. There is no known portrait of Jakob Roggeveen, so this portrait is based broadly on a portrait of his father, the mathematician Aarent Roggeveen. His image is often confused with that of Carl Friedrich Behrens (on the right of the image) who was the author of one of the first published stories about the Dutch expedition.

CAPITÁN JAMES COOK

Navegante, explorador y cartógrafo británico nacido en 1728. Realizó tres viajes de circunnavegación por el océano Pacífico, durante los cuales se describieron con precisión grandes áreas, y se documentaron, por primera vez en mapas europeos, muchas islas y costas. En la imagen también se encuentran William Hodges, pintor inglés que lo acompañó en su segundo viaje alrededor del mundo y que llegó a Rapa Nui en 1774; y el artista John Webber, quien lo acompañó en su tercera expedición, durante la cual, luego de descubrir las Islas Sandwich (Hawái), James Cook fuera asesinado por los hawaianos.

A British navigator, explorer and cartographer, born in 1728. He sailed across the Pacific Ocean on three different circumnavigations, during which large areas were accurately described, and many islands and coasts were documented for the first time on European maps. This image also depicts William Hodges, an English painter who joined him on their second voyage around the world and arrived in Rapa Nui in 1774, and the artist John Webber, who joined him on his third expedition, during which, James Cook was killed by Hawaiians after discovering the Sandwich Islands (Hawaii).

JEAN-FRANÇOIS GALAUP, CONDE DE LA PÉROUSE

En 1786, este marino francés llegó a la Isla de Pascua al mando de una expedición naval alrededor del mundo que desapareció misteriosamente en Vanikoro, Islas Salomón. El artista de este viaje fue Gaspard Duché de Vancy, quien realizó los grabados que acompañaron la edición del *Atlas de Viaje de La Pérouse*, una reconstrucción hecha en 1797 debido al trágico fin de la expedición.

In 1786, this French Navy officer arrived to Easter Island in a naval expedition around the world under his command, which later would disappear mysteriously in Vanikoro, on athe Solomon Islands. The artist of this trip was Gaspard Duché de Vancy, who made the engravings included in the publication of *Atlas du voyage de La Pérouse*, a reconstruction made in 1797 due to the tragic end of the expedition.

PIERRE LOTI

El primer relato basado en su diario de viajes lo escribió su hermana, mientras Pierre Loti se enfocó en su primer oficio, realizar un reportaje gráfico, más artístico que documental, que se publicó en la revista *L'Illustration.* Fue un artículo sobre su estadía de 4 días en la Isla de Pascua en 1872, y que más tarde convirtió en su primer relato escrito y publicado. Años después, este oficial de la marina francesa se convirtió en uno de los más famosos escritores de su época y por lo cual es hoy recordado.

The first story based on his travel journal was written by his sister, while he focused on his first role: creating a graphic report, more artistic than documentary, published in the magazine *L'Illustration.* It was an article about his four-day stay on Easter Island in 1872, and later became his first written and published story. Years later, the French naval officer would become one of the most famous writers of his time, for which he is still remembered today.

KATHERINE ROUTLEDGE

Arqueóloga británica que en 1914 realizó el primer estudio serio sobre la Isla de Pascua y sus habitantes. Con la valiosa ayuda de Juan Tepano, entrevistó a los isleños, catalogó los moáis y los *ahu* y documentó todo ese material arqueológico y etnográfico en su libro *The Mystery of Easter Island* en 1919. Más tarde, en Londres, desarrolló cuadros de esquizofrenia y paranoia, su familia responsabilizó a Angata, una "médica bruja" de la isla que conoció durante su expedición. Murió hospitalizada en una institución mental en 1935.

A British archaeologist who conducted the first serious study of Easter Island and its inhabitants in 1914. With the valuable help of Juan Tepano, she interviewed islanders, cataloged the *moai* and *ahu*, and documented that archaeological and ethnographic data in her book *The Mystery of Easter Island*, published in 1919. Later, in London, she developed schizophrenia and paranoia, prompting her family to blame Angata, a "witch doctor", who she met on the island during her expedition. She died hospitalized in a mental institution in 1935.

MARIA ANGATA

Sus facultades psíquicas le hacían profetizar situaciones: "Dios me ha iluminado, luego y lejos de aquí, habrá un naufragio; y a esta isla llegarán, casi muertos, doce de esos náufragos", tiempo más tarde los náufragos llegaron a la isla.

Amparada en la palabra de Dios, en 1914 encabezó la rebelión del pueblo Rapanui contra la Compañía Explotadora Agrícola y Ganadera, que en ese momento arrendaba la isla, realizando un sacrificio de animales en un altar frente a la iglesia, y dio de comer al hambriento pueblo. Este acto es recordado a la fecha como representativo de insurgencia, esperanza y reinvindicación mística en la historia de opresión de los Rapanui.

Her psychic abilities caused her to prophesize: "God has enlightened me, a long time and ways from here, there will be a shipwreck, and twelve of the survivors will come to this island, almost dead." Later, the shipwreck survivors would arrive in the island.

Aided by the word of God, in 1914 she headed the rebellion of the Rapanui people against the Compañía Explotadora Agrícola y Ganadera (the Agriculture and Husbandry Exploitation Company) which at that moment leased the island, making an animal sacrifice on an altar in front of the church, which fed the hungry people there. This act is remembered even now as a representation of insurgency, hope, and mystical vindication in the history of the oppression of the Rapanui people.

PADRE SEBASTIAN ENGLERT

Religioso alemán que llegó a Isla de Pascua en 1935 y durante 30 años se dedicó a estudiar su lengua, sus tradiciones orales, sus costumbres y su patrimonio arqueológico, por lo que sus estudios dejaron un importante legado. Llevó a cabo el primer inventario arqueológico de la isla y la primera restauración de la aldea ceremonial de Orongo. Entre sus principales escritos están el *Diccionario Rapanui-Español* (1938), *Tradiciones de la Isla de Pascua* (1939), *La Tierra de Hotu Matu'a*, su obra principal (1948), y *Las Leyendas de Isla de Pascua* (editado de manera póstuma en 1980).

A German priest who came to Easter Island in 1935 and for thirty years devoted himself to study the language, oral traditions, customs and archaeological heritage, leaving studies that constitute an important legacy. He conducted the first archaeological inventory of the island and the first restoration of the ceremonial village of Orongo. Among his main works are the *Rapanui-Spanish Dictionary* (1938), *Traditions of Easter Island* (1939), *The Land of Hotu Matua*, his major work (1948), and *The Legends of Easter Island* (edited posthumously in 1980).

THOR HEYERDAHL

Explorador noruego que se hizo célebre por la expedición Kon-tiki de 1947. Demostró que no había razones técnicas que hubieran impedido a los antiguos habitantes de Sudamérica a establecerse en la Polinesia. En 1955 realizó la expedición a la Isla de Pascua, donde descubrió estatuas desconocidas y casas de piedra del mismo tipo que las de la época preincaica. Como resultado de la expedición, publicó su libro *Aku Aku* así como tres volúmenes escritos colectivamente por los científicos de la expedición. Las expediciones de Heyerdahl fueron espectaculares y captaron la atención del público. Aunque gran parte de su obra no es aceptada por la comunidad científica, Heyerdahl contribuyó al interés público en la historia antigua y la antropología.

A Norwegian explorer who became famous for Kon-Tiki expedition of 1947. His studies showed there were no technical reasons that the ancient inhabitants of South America would not have been able to settle in Polynesia. In 1955 he embarked on a expedition to Easter Island, where he discovered unknown statues and stone houses of the same type as those of the pre-Incan civilizations. As a result of the expedition, he published his book *Aku Aku* as well as three volumes written collectively by scientists of the expedition. Heyerdahl's expeditions were spectacular and caught the attention of the public. Although much of his work is still not accepted by the scientific community, Heyerdahl contributed to the public interest in ancient history and anthropology.

KON TIKI

WILLIAM MULLOY

Llegó por primera vez a la Isla de Pascua en 1955 como parte de la expedición de Thor Heyerdahl. Mulloy reconoció la importancia de la Isla de Pascua para la comprensión de la prehistoria oceánica y su potencial para convertirse en un excepcional museo al aire libre de la cultura polinesia. Junto al arqueólogo Gonzalo Figueroa, realizó importantes restauraciones durante más de 20 años. Si bien estas restauraciones fueron un medio legítimo de rescatar y reafirmar la identidad de los isleños, Mulloy recomendó que no se llevasen a cabo más restauraciones, ya que la destrucción de los sitios durante las guerras civiles también forman parte de la historia de la isla.

His first trip to Easter Island was in 1955 as part of the Thor Heyerdahl's expedition. Mulloy recognized the importance of Easter Island in the understanding the Oceanian early history and its potential to become a unique outdoor museum of Polynesian culture. Along with the archaeologist Gonzalo Figueroa, made major restorations for over 20 years. Although these restorations were a legitimate way to recover and reaffirm the identity of the islanders, Mulloy recommended not making further restorations, since the destruction of the sites during civil war was also part of the island's history.

FRANCIS MAZIÈRE

Prolífico escritor, explorador y etnólogo Francés que visitó Rapa Nui en 1963, se quedó por un período de 50 días tratando de resolver el misterio de los moáis. Luego de esa experiencia, registró todo en su famoso libro *Fantástica Isla de Pascua*. Si bien sus libros fueron *best sellers*, nunca tuvo aceptación científica debido a sus teorías, a veces nebulosas, y a su carácter confrontativo. "No creemos en la arqueología de los ancianos ricachones, ni en la etnografía de los gobiernos racistas", decía en el prólogo de su libro sobre la Isla de Pascua.

A French prolific writer, explorer and ethnologist who visited Rapa Nui in 1963, where he stayed for a period of fifty days trying to solve the mystery of the Moai. After that experience, he reported everything in his famous book *Fantastic Easter Island*. Although his books were best sellers, they were never accepted in the scientific community, because of his sometimes nebulous theories and his confrontational nature. "We do not believe in the archeology of the elderly rich people, or the ethnography of racist governments" he said in the preface of his book of Easter Island.

Île de Pâques

ALFONSO RAPU

El profesor Alfonso Rapu fue el líder de la rebelión que se produjo en Rapa Nui en 1964, y que se enfrentó a la Armada Chilena, que entonces tenía el poder militar de la isla. Como forma de protesta, el movimiento contravino las disposiciones legales de la Armada llamando a elecciones de alcalde, donde Alfonso Rapu fue elegido por amplia mayoría. A causa de la ilegalidad de la elección, debió huir de la justicia naval que lo buscó para apresarlo. En 1965 la Armada llamó a unas nuevas elecciones, que ratificaron la victoria de Rapu, y en 1966 se aprobó la Ley de Pascua: el término de las prohibiciones a los isleños para circular, la anexión de la isla a la Provincia de Valparaíso y su reconocimiento como ciudadanos.

Professor Alfonso Rapu was the leader of the 1964 rebellion in Rapa Nui that confronted the Chilean navy, which at the time was the military power in control of the island. As a form of protest, the movement disobeyed the legal mandates of the navy, calling for mayoral elections in which Alfonso Rapu was elected by a large majority. Because of the illegality of the election, he was forced to flee from the naval tribune seeking him out in order to imprison him. In 1965 the navy called new elections, which ratified Rapu's victory, and in 1966 the Easter Law was passed: the end of the prohibitions against the free movement of the island residents, the annexation of the island to Valparaíso Province and their recognition as citizens.

ERICH VON DÄNIKEN

Escritor suizo nacido en 1935 que a fines de los sesenta publicó su primer best seller: *Recuerdos del Futuro.* Los estudios de Von Däniken han sido calificados como pseudociencia y ha recibido un gran número de críticas desde los sectores más serios de la ciencia y la arqueología, al presentar numerosos vestigios arqueológicos de todo el mundo como misterios atribuibles a visitantes extraterrestres. Es quizás el responsable de poner en el inconsciente colectivo la idea de civilizaciones extraterrestres ligadas a la construcción y desplazamiento de los moáis.

A Swiss writer born in 1935 who published his first best seller: *Chariots of the Gods?*, in the 1960's. Von Däniken's studies have been classified as pseudoscience and have received a great amount of criticism from serious areas of science and archeology, because he attributed the mysteries of numerous archaelogical sites around the world to extraterrestrial visitors. He is possibly responsible for linking the idea of extraterrestrial civilizations with the construction and transport to the moai in the collective imagination.

RAPA NUI, LIBRO DE BOCETOS

POR ALEJANDRO MAGALLANES

Rapa Nui. Libro de bocetos, es el número 18 en los libros de Ediciones Acapulco, en su serie EA (Edición de Autor). Podemos leer en la introducción del libro que contiene los dibujos que el Dr. Alderete hizo en su primer viaje a la Isla de Pascua en 2012, con motivo de su exposición *Tike'a Rapa Nui*, presentada en el Museo Antropológico Padre Sebastián Englert un año mas tarde, y que posteriormente se ha presentado en otros museos en el mundo. La edición de 32 páginas constó de 200 ejemplares numerados y firmados y presenta dos momentos: primero, los apuntes de esculturas, paisajes, arquitectura y vida cotidiana en la isla; y después retratos de personas y amigos relevantes en su viaje. Alderete había anhelado ese viaje por quince años, y no llegaba como turista: cuando Jorge tiene algo entre ceja y ceja no descansa hasta conseguir lo que se propone, con ese ímpetu ha hecho un sello discográfico, dos tiendas, una galería, se convirtió en padre de Lautaro, aprendió a tocar el theremin, formó la banda Sonido Gallo Negro, dibujó y animó en vivo en conciertos de 20,000 personas con los Fabulosos Cadillacs y expuso profesionalmente como fotógrafo. Jorge conocía la isla sin haber estado ahí. Lo que empezó como una investigación formal sobre el arte polinesio entreverado con la cultura pop se decantó en una investigación académica, antropológica, histórica y sociológica, que no ha parado desde entonces. Como ejemplo anecdótico, Jorge, en un encuentro de tipografía, diseñó un cartel en el que analizaba formalmente la escritura kohau rongo rongo, después de acudir a un seminario especializado a cargo de Albert Davletshin sobre la escritura jeroglífica que aparece tallada en varias tabletas de madera, y que a la fecha no ha podido descifrarse. Alderete se identifica con nuestro admirado Miguel Covarrubias, otro artista, investigador y viajero difícil de etiquetar. En el libro de bocetos de Rapa Nui vemos el extraordinario talento que Jorge tiene como dibujante, la disciplina de observar y absorber lo que está viendo para conectarlo en el gesto instantáneo de la mano con una pluma o pincel en forma naturalista o sintética, comentando a través de las imágenes lo que piensa, lo que le parece gracioso e interesante de personas, momentos y lugares. El viaje del Dr. Alderete a Rapa Nui no ha acabado: hace unos días, a finales de 2017 presentó con su grupo Sonido Gallo Negro su segundo disco. Al salir al escenario, cada uno de los nueve integrantes de la banda portaba una máscara de inspiración polinésica con el retrato de cada uno de los músicos.

Para entregar este texto, Jorge con su extraño sentido del humor, me motivaba a terminarlo mandando fotos de mujeres en traje de baño conviviendo con los impresionantes moái. Termino el texto mientras recibo una foto de una mujer desnuda abrazando una cabeza gigante. La edición de *Rapa Nui. Libro de bocetos* se agotó al poco tiempo de ser publicada. Make Make dictó un buen augurio.

RAPA NUI
LIBRO DE BOCETOS
POR DR. ALDERETE
VEO EL FUTURO
RAPA NUI

RAPA NUI, THE SKETCHBOOK

By Alejandro Magallanes

Rapa Nui. Libro de bocetos (Rapa Nui: Sketchbook) is the eighteenth book by Ediciones Acapulco, in its EA series (Author's Edition). The book's introduction explains that it contains the drawings that Dr. Alderete made in his first trip to Easter Island in 2012 when he planned to mount his exhibit *Tike'a Rapa Nui*, which was presented in the Father Sebastian Englert Archaeological Museum a year later. Other museums around the world have gone on to host the exhibit. Two hundred signed and numbered copies of the 32-page edition were printed. It consists of two parts: the first, notes on the sculptures, landscapes, architecture, and daily life on the island; and the second, portraits of relevant people and friends from his trip. Alderete dreamed about this voyage for fifteen years, and he did not go as a tourist: when Jorge has an idea in his head he does not stop until he accomplishes what he proposed. With this drive he has created a record label, two stores, and a gallery. He also became the father of Lautaro, learned to play the theremin, formed the band Sonido Gallo Negro, created live drawings and animations for Los Fabulosos Cadillacs in concerts with audiences of 20,000, and has exhibited professionally as a photographer. Jorge was familiar with the island without having been there.

What began as a formal investigation of Polynesian art became wrapped up with pop culture and ended up as an ongoing academic, anthropological, historical, and sociological investigation. As an anecdotal example, Jorge, in a melding of typography, designed a poster in which he formally analyzed the *kohau rongo rongo* writing, after taking part in a specialized seminar led by Albert Davletshin on the hieroglyphic writing, which was carved on various wooden tablets and which to this day has not been deciphered. Alderete identified with our admired Miguel Covarrubias, another artist, researcher, and traveler who defied categories. In the Rapa Nui sketchbook we can see Jorge's extraordinary talent in drawing, the discipline of observing and absorbing what he sees in order to connect the instantaneous stroke of a pen or paintbrush in a naturalist or synthetic manner, expressing his thoughts through images, what strikes him as amusing or interesting about other people, moments, and places. Dr. Alderete's Rapa Nui journey has not ended: a few days ago, at the end of 2017, he released a second album with his group Sonido Gallo Negro. When they went on stage, the nine members of the band wore a Polynesian-inspired mask portraying each of the musicians.

To help me finish writing this text, Jorge, with his strange sense of humor, motivated me by sending me photographs of women in bathing suits living with the incredible moai. I am wrapping up this text as I receive a photo of a naked woman embracing a giant head. The first edition of *Rapa Nui. Libro de bocetos* sold out shortly after being published. A good omen from Make Make.

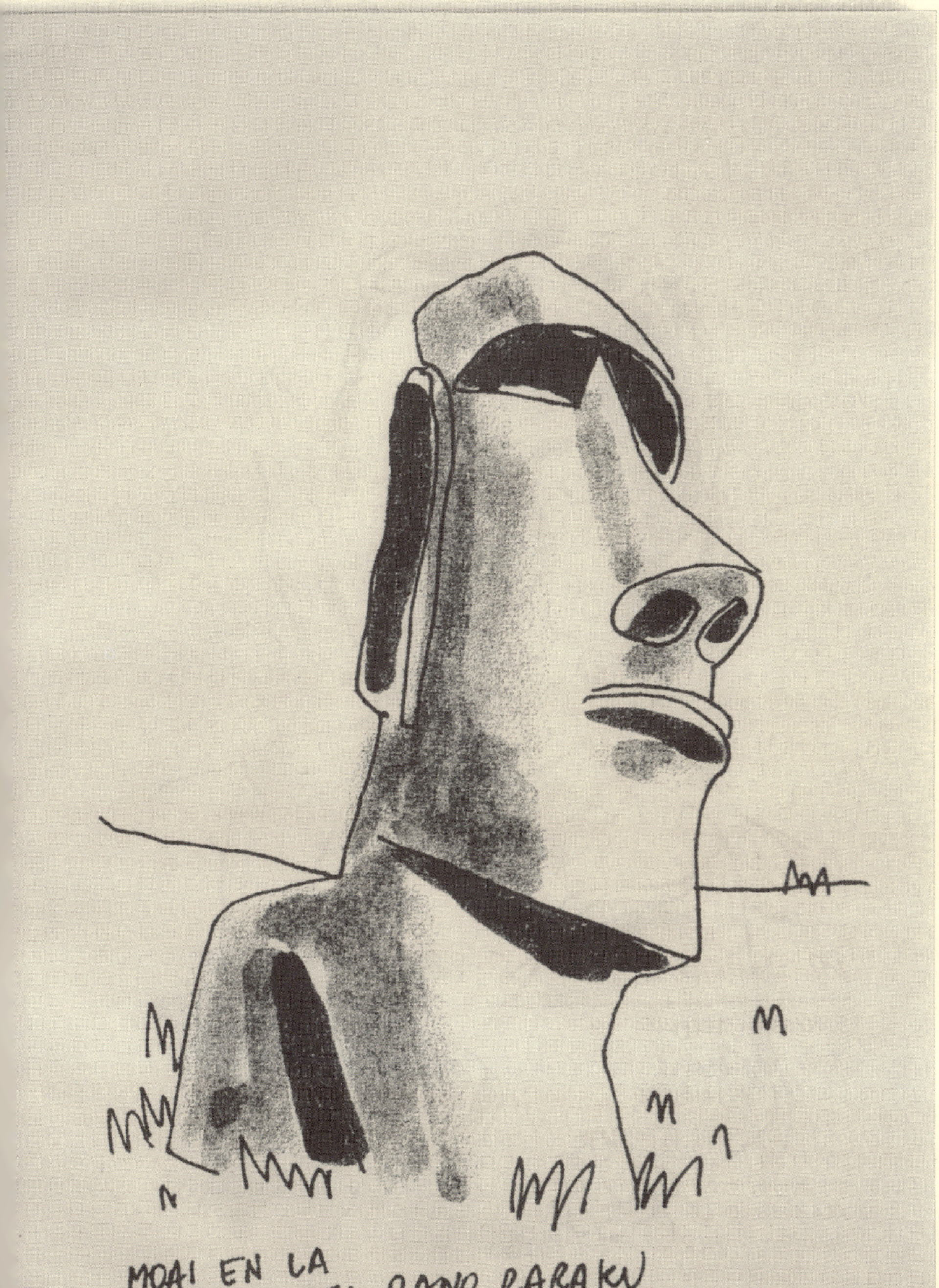
MOAI EN LA
CANTERA DEL RANO RARAKU

PIE DEL RANO KAU

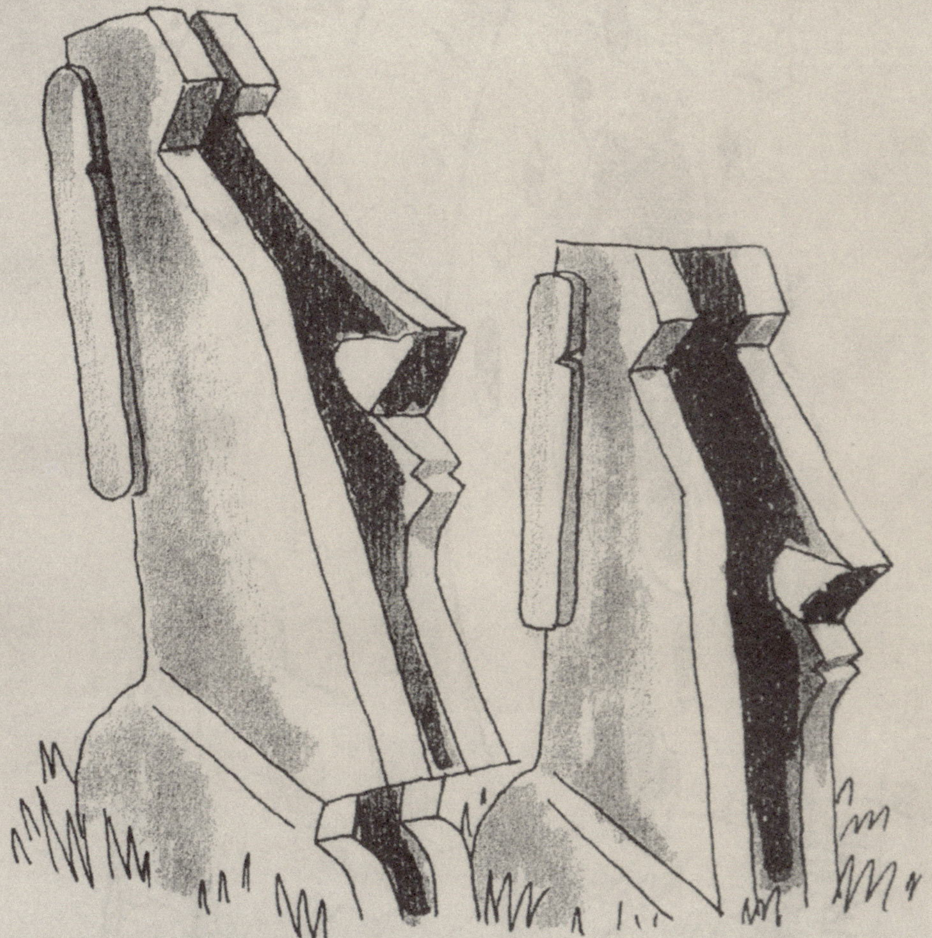

– HOTEL IORANA –
CAMINO AL VOLCAN RANO KAU

AHU AKAHANGA - LATUMBA DE HOTU MATU'A

CRATER RANO KAU

AVENIDA CENTRAL · HANGA ROA

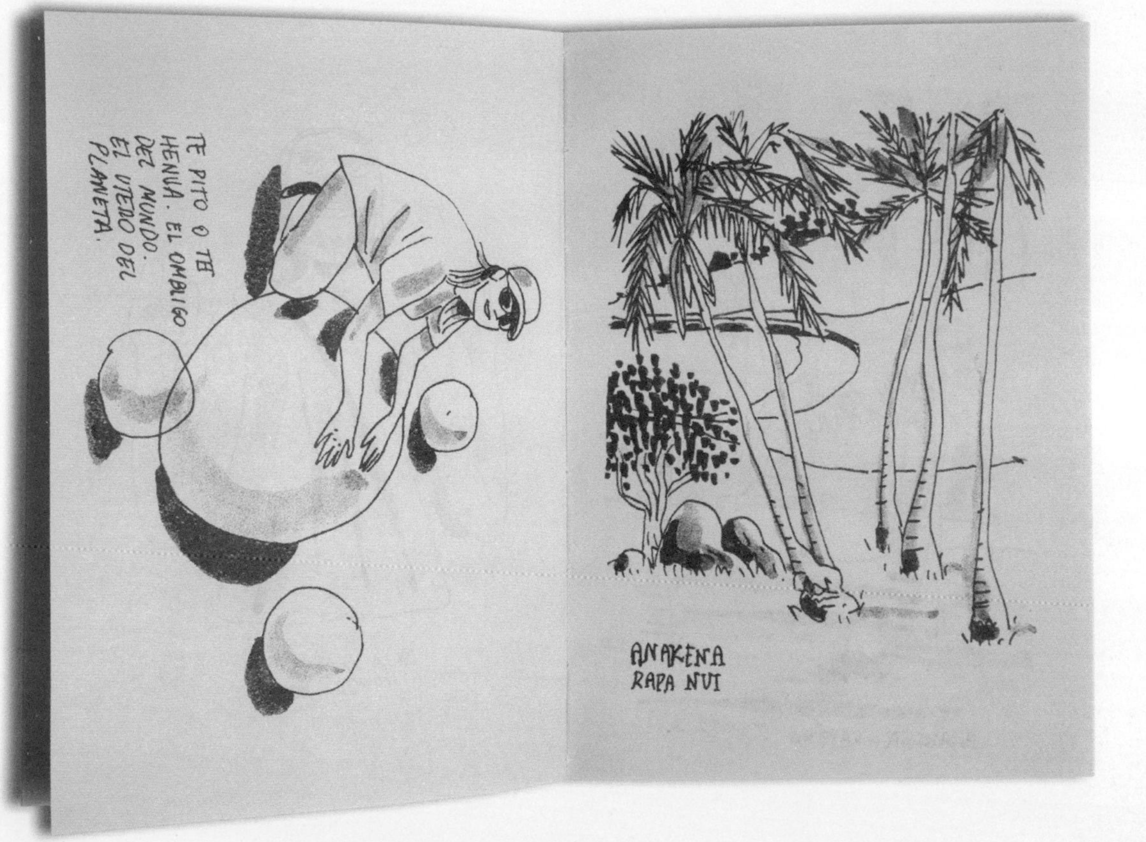
TE PITO O TE HENUA. EL OMBLIGO DEL MUNDO. EL UTERO DEL PLANETA.
ANAKENA RAPA NUI

COPIADO DE UNA REVISTA LIFE DE 1966
(REPORTAJE SOBRE LA ISLA DE PASCUA)
ENCONTRADA EN UNA LIBRERIA DE HANGA ROA.

ELA, EN LAS CABAÑAS PERETEI

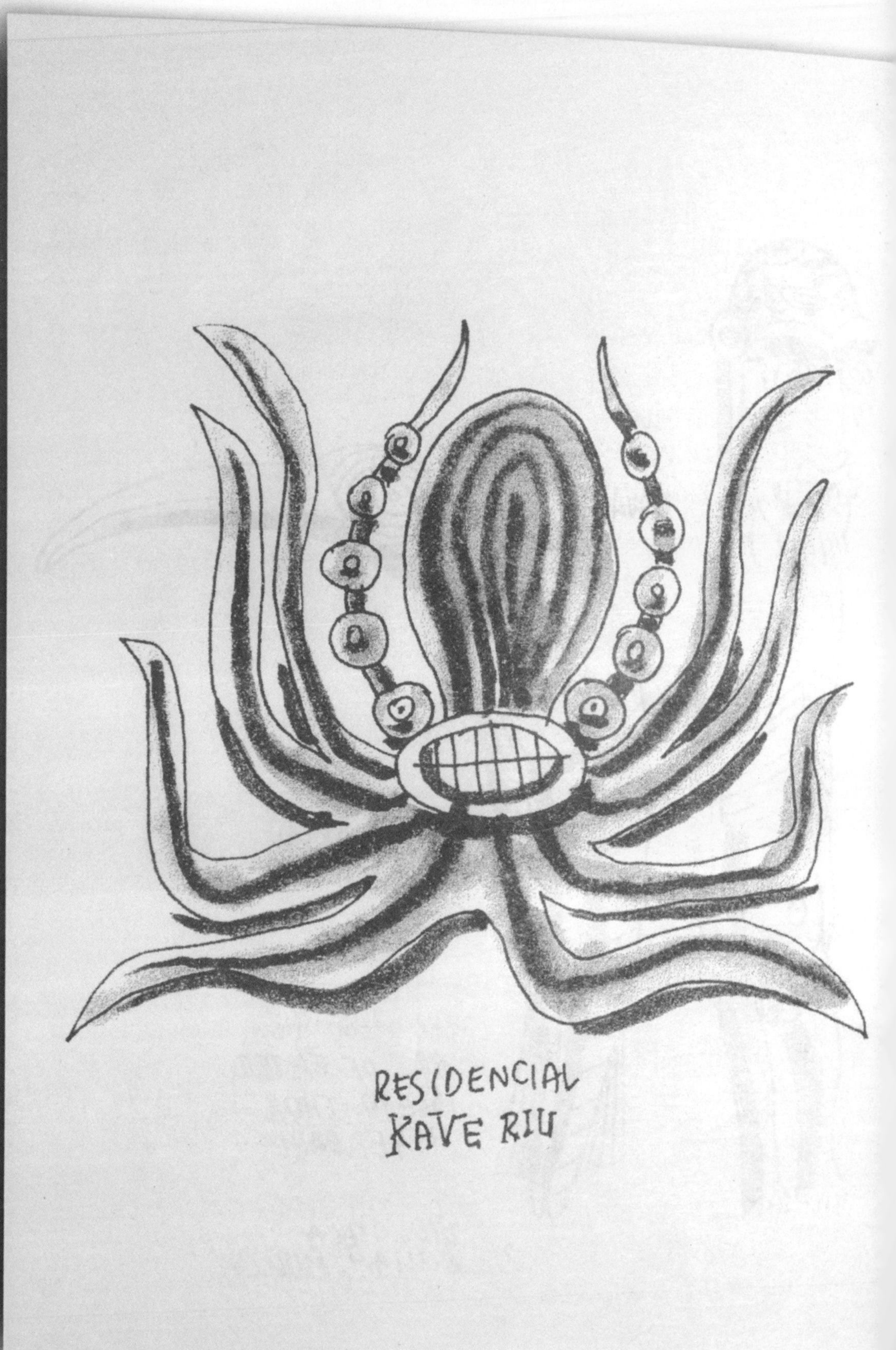
RESIDENCIAL
KAVE RIU

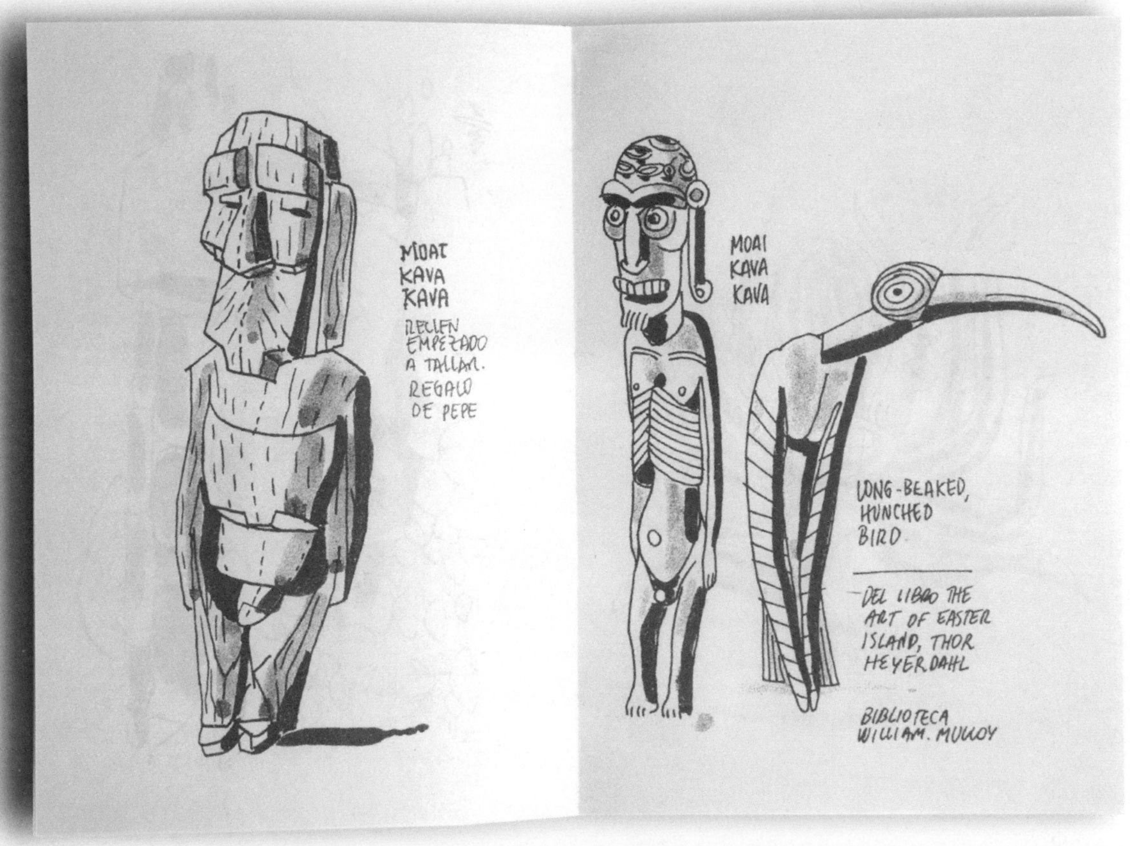
MOAI KAVA KAVA
RECIEN EMPEZADO A TALLAR.
REGALO DE PEPE
MOAI KAVA KAVA
LONG-BEAKED, HUNCHED BIRD
DEL LIBRO THE ART OF EASTER ISLAND, THOR HEYERDAHL
BIBLIOTECA WILLIAM. MULLOY

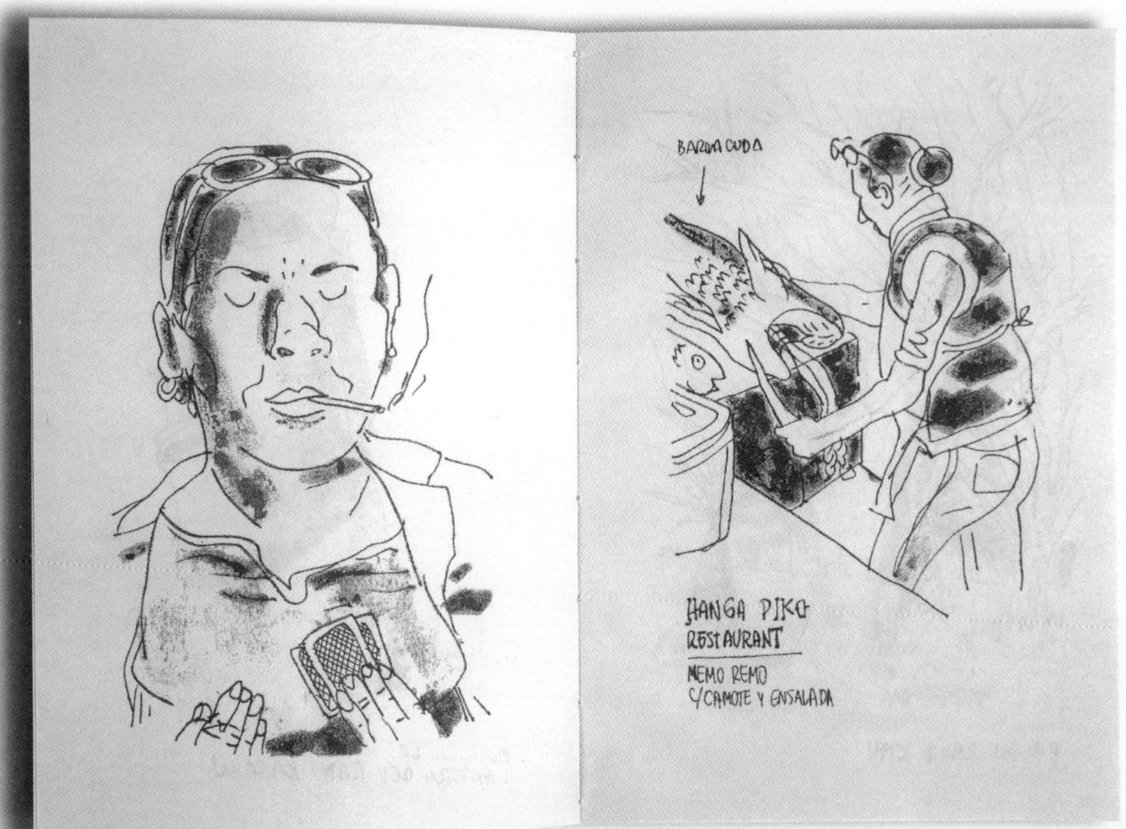
BARRACUDA
HANGA PIKO RESTAURANT
MEMO REMO
C/CAMOTE Y ENSALADA

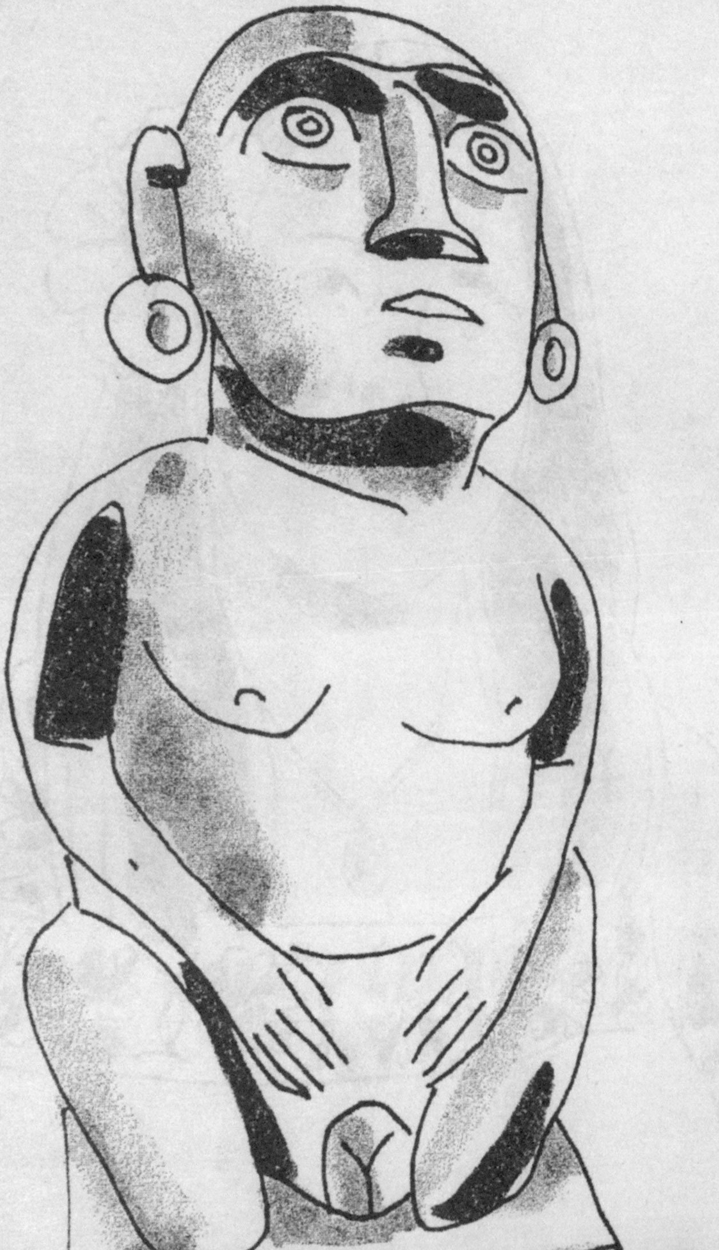

KOMARI = VULVA

RETO ME MUESTRA UN FROTTAGE DE
UN PETROGLIFO, DE UN SIMIO....
O DE UN MARCIANO... DEJÓ ABIERTA
LA INCOGNITA...

MARIA
RAPA
NUI
EN LA IGLESIA DE
HANGA ROA

ANAKENA - RAPANUI
ANAKENA

AHU NAU NAU
AHU NAU NAU
ALTAR CERE-MONIAL DE LA ANTIGUA

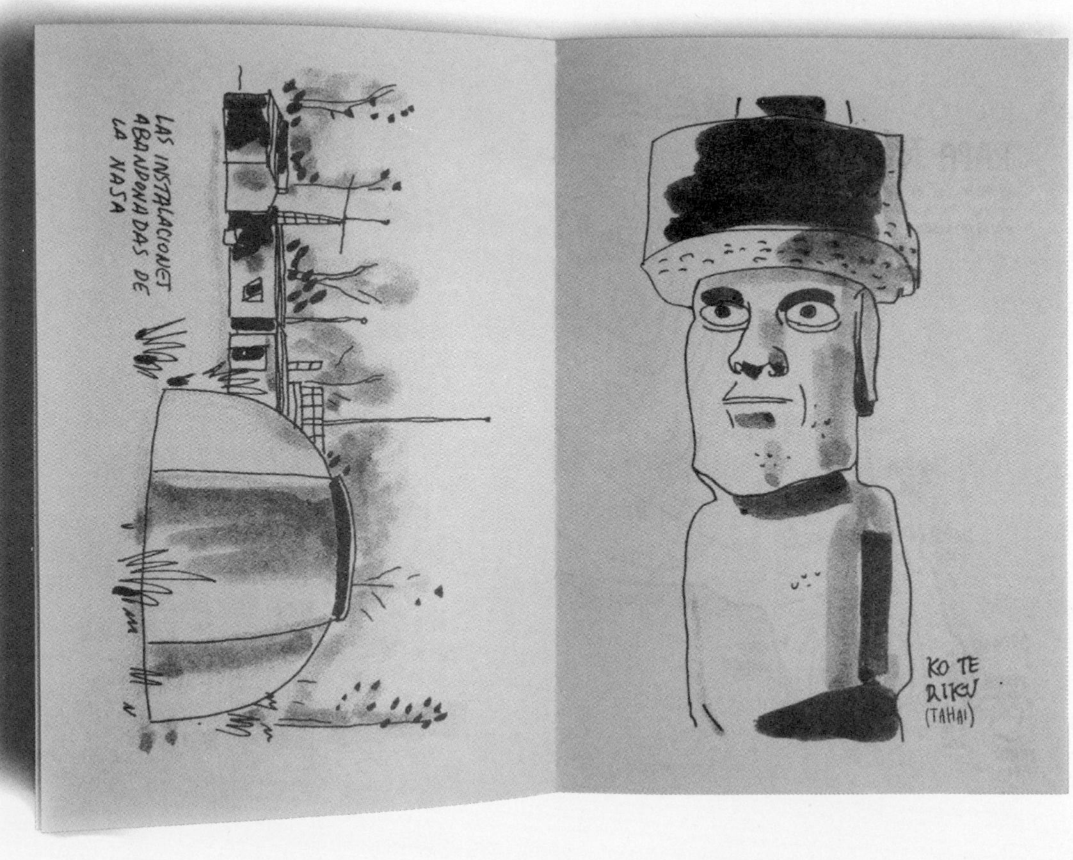
LAS INSTALACIONES ABANDONADAS DE LA NASA
KO TE RIKU (TAHAI)

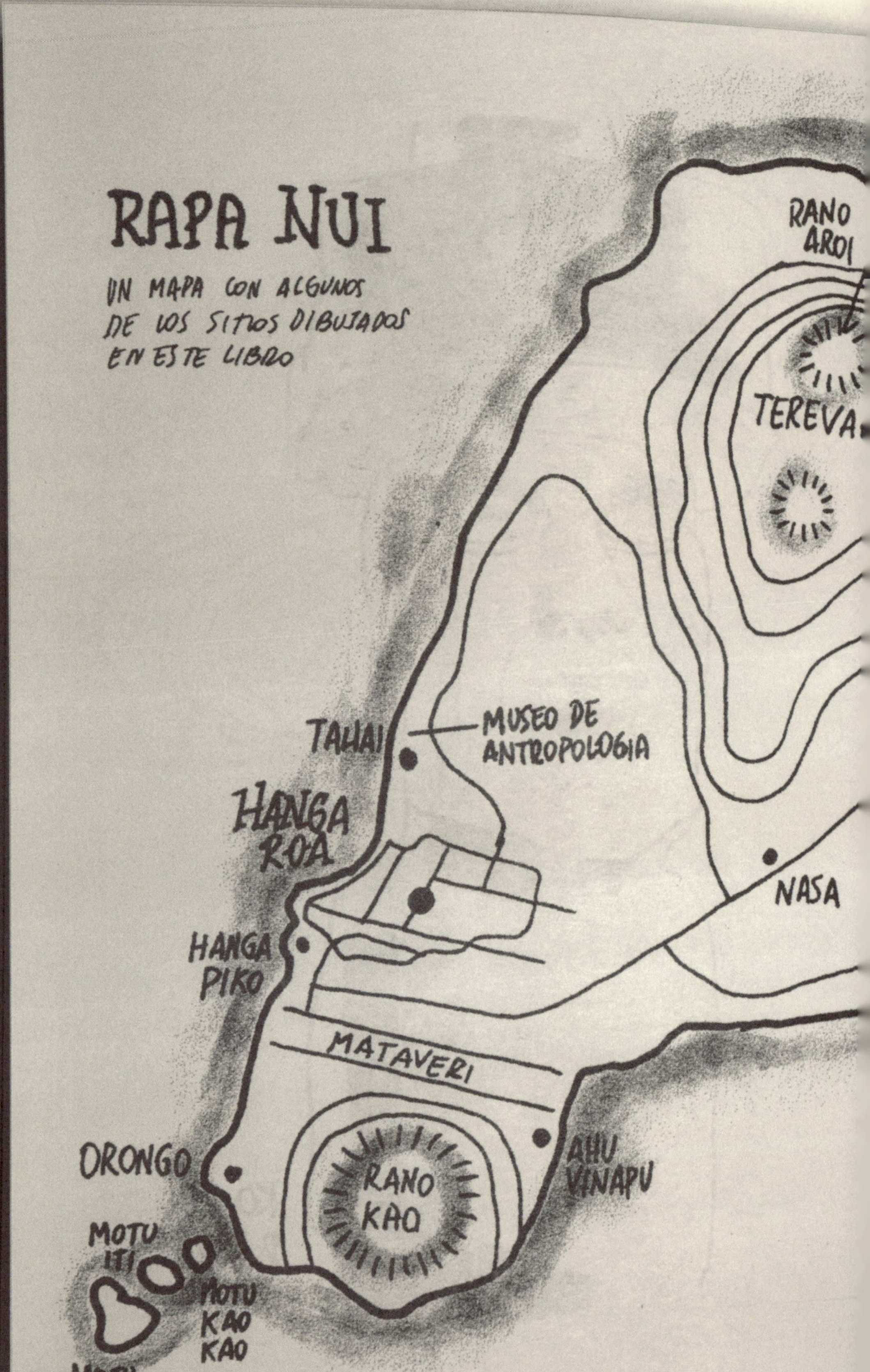
RAPA NUI
UN MAPA CON ALGUNOS DE LOS SITIOS DIBUJADOS EN ESTE LIBRO
RANO AROI
TEREVA
TAHAI
MUSEO DE ANTROPOLOGIA
HANGA ROA
HANGA PIKO
NASA
MATAVERI
ORONGO
RANO KAO
AHU VINAPU
MOTU ITI
MOTU KAO KAO
MOTU NUI

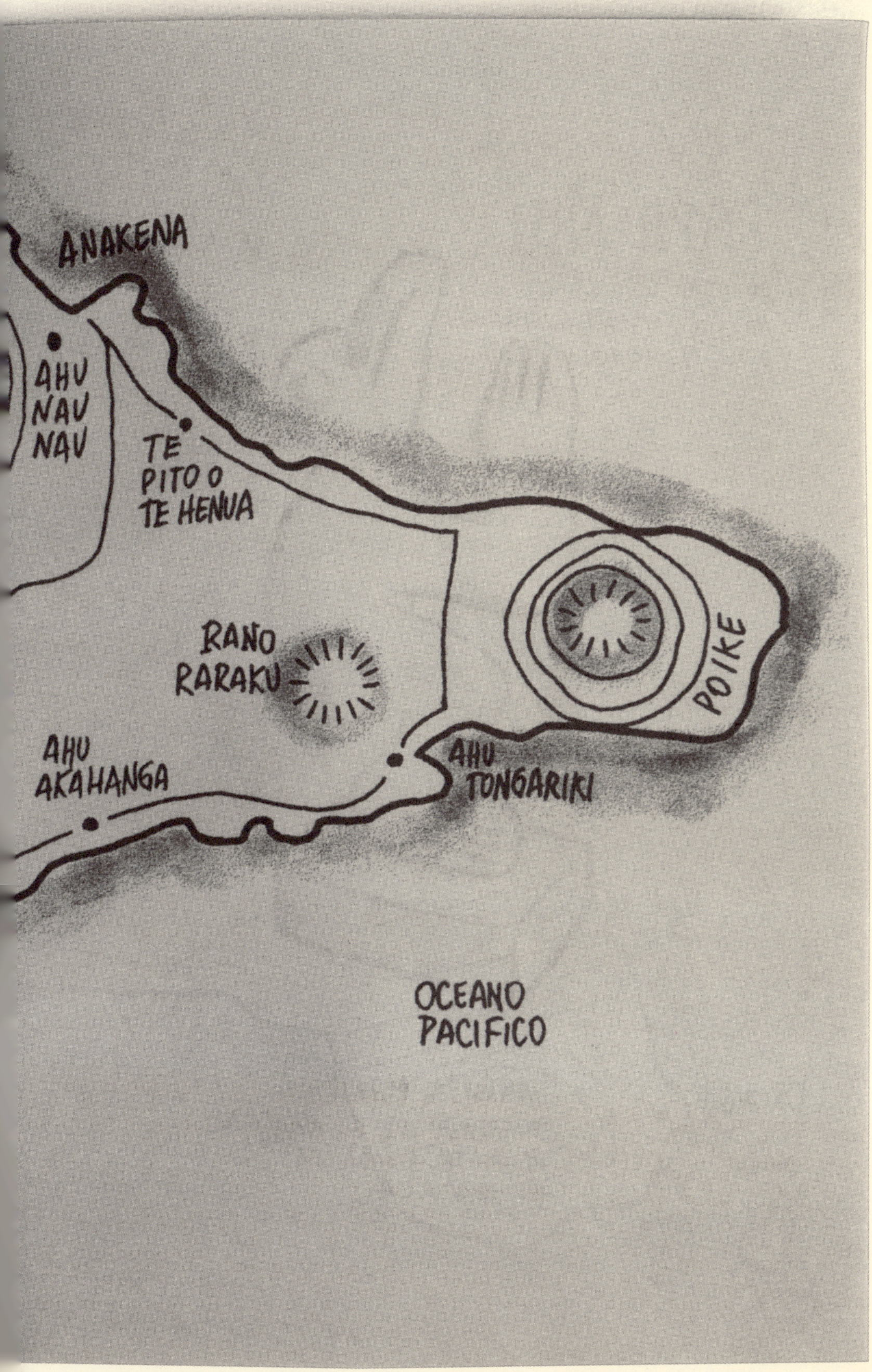
ANAKENA
AHU
NAU
NAU
TE
PITO O
TE HENUA
RAÑO
RARAKU
POIKE
AHU
AKAHANGA
AHU
TONGARIKI
OCEANO
PACIFICO

MI PRIMER VIAJE A RAPA NUI

Durante mi primer viaje a Rapa Nui (en octubre del 2012), conocí a mucha gente y conversé con mucha de ella, tratando, en general, de confrontar todo lo que había leído en los últimos años con lo que encontraba en la actualidad. A muchas otras me limité a observarlas, a veces apenado por mi intromisión, y preferí mantenerme al margen de situaciones cotidianas y dibujar. Dibujar mucho.

De esas charlas, observaciones y dibujos se desprenden estos retratos, de gente desconocida, de amigos, de personas que terminé conociendo después que los retratos se expusieran por primera vez en el Museo Antropológico de la Isla, en el 2013. Se volvieron una parte fundamental de la exhibición, no solo porque dejan de lado el aspecto histórico, para mostrar el presente, a través de algunos de sus protagonistas, sino porque en ellos se reconocieron los mismos habitantes de Rapa Nui de hoy, haciendo suya esta exposición.

MY FIRST TRIP TO RAPA NUI

During my first trip to Rapa Nui (in October 2012), I met many people and spoke with many of them, in general trying to reconcile what I had read in the last years with what I was encountering at the time. I often limited myself to observing other people, sometimes embarrassed at my intrusiveness, preferring to stay on the edges of daily situations and draw. Draw a lot.

These portraits come from those talks, observations, and drawings. They are portraits of people I do not know, of friends, of people I ended up meeting after the portraits were displayed for the first time in the island's Anthropological Museum in 2013. They became a fundamental part of the exhibition, not only because they leave aside the general historical character of the rest of the exhibition in order to explore the present through some of its protagonists, but also because the current inhabitants of Rapa Nui can recognize themselves in the works, making the exhibition their own.

La mesera del restaurante en Hanga Piko.
The restaurant waitress at Hanga Piko.

ESTA PÁGINA // Lili, bailarina del ballet Maori Tupuna, Vaite Mihi.
THIS PAGE // Lili, ballet dancer Maori Tupuna, Vaite Mihi.

PÁGINA DERECHA // "Militante del Señor", así se describió cuando caminamos unas cuantas cuadras juntos de regreso a la cabaña. Se iba a Tahití a tocar su guitarra.
RIGHT PAGE // "Militant of the Lord," as described when we walked a few blocks together back to the cabin. He was going to Tahiti to play his guitar.

PÁGINA IZQUIERDA // Oscar, chileno y dueño de una tienda donde compré mi Moai Kava Kava.
LEFT PAGE // Oscar, Chilean and owner of a shop where I bought my Moai Kava Kava.

ESTA PÁGINA // Un señor en domingo, a la salida de la misa.
THIS PAGE // A gentleman on Sunday, at the end of Mass.

ESTA PÁGINA // Bárbara, vendedora en el mercado de artesanías.
THIS PAGE // Barbara, a seller in the handicrafts market.

PÁGINA DERECHA // El señor Pate, padre de Elsa, quien nos alquiló la cabaña durante nuestra estadía. Gran conversador, me contó infinidad de historias.
RIGHT PAGE // Mr. Pate, Elsa's father, who rented us the cabin during our stay. Great conversationalist, he told me countless stories.

PÁGINA IZQUIERDA // Retu, escultor. Me enseñó mis primeras palabras en rapanui: To hoku ingoa ko Jorge.
LEFT PAGE // Retu, sculptor. He taught me my first words in rapanui: To hoku ingoa ko Jorge.

ESTA PÁGINA // La señora Julia, la encontré una mañana en la puerta de la cabaña vendía lechugas y aguacates.
THIS PAGE // Mrs. Julia, I met her one morning at the door of the cabin selling lettuces and avocados.

ESTA PÁGINA // El Tuu, pescador. Nos llevó a nadar a los motus una tarde con el mar picado.
THIS PAGE // The Tuu, fisherman. We took a swim to the motus one afternoon with the choppy sea.

PÁGINA DERECHA // Copiado de una foto de Lorenzo Moscia.
RIGHT PAGE // Copied from a photo by Lorenzo Moscia.

PÁGINA IZQUIERDA // El tío del Tuu, pescador. Todas las mañanas lo veíamos alistando la lancha para llevar a turistas a pescar.
LEFT PAGE // The uncle of the Tuu, fisherman. Every morning we saw him enlisting the boat to take tourists to fish.

ESTA PÁGINA // Te Pou Huke, dibujante, ilustrador, escultor e historietista.
THIS PAGE // Te Pou Huke, draftsman, illustrator, sculptor and comic artist.

Yolanda Nahoe Pont, candidata a consejal.
Copiado del cartel de campaña.
Yolanda Nahoe Pont, candidate for council.
Copy of the campaign poster.

RAPA NUI
LIBRO DE BOCETOS
POR DR. ALDERETE
RAPA NUI

En 1965 comenzó la construcción de Mataveri, el aeropuerto de Rapa Nui. En 1975 dejó de operar la estación de rastreo óptico que la NASA tenía en la isla.

En 1985 el gobierno chileno aprobó que el Transbordador Espacial usara la pista de Rapa Nui como alternativa de aterrizaje de emergencia. Para tal fin la pista se reparó y amplió y el aeropuerto se modernizó con equipos de navegacion aérea.

El mural que realicé con ayuda de Manuel Córdova en la Sala de Exposiciones Temporales del Museo Antropológico Padre Sebastián Englert y que acompañó la exhibición del 25 de julio al 30 de septiembre del 2013, captura ese ficticio momento, que nunca sucedió.

In 1965, the construction of Rapa Nui's Mataveri airport started. In 1975, the NASA's Optical Ground Station on the island stopped its operations. Then, in 1985, the Chilean government allowed the Space Shuttle to use the island's landing strip in case of emergency. For this, the landing stip was enlarged and repaired and the airport renewed and modernized its equipment.

This moment, which never happened, is protrayed in this mural made by me with help pf Manuel Córdova, and it was exhibited in the Temporary Exhibition Room of the Antropological Museum P. Sebastián Englert during the exhibition in september 2013.

DR. ALDERETE EN EL MUSEO NACIONAL DE LAS CULTURAS

POR RAFFAELA CEDRASCHI
ENSAYO FOTOGRÁFICO POR GERARDO MONTIEL KLINT

Alderete ve y observa ("tike'a") a Rapa Nui, y todo el misterio que rodea esta cultura, en la exposición Tike'a: Rapa Nui y las islas del Pacífico, que reúne múltiples elementos de un viaje gráfico que expone las semejanzas y diferencias entre los distintos pueblos que habitaron el gran "mar de islas": Oceanía Cercana y Oceanía Remota (conocidas anteriormente como Melanesia, Micronesia y Polinesia).

El encuentro entre la obra de Jorge Alderete y el Museo Nacional de las Culturas fue muy afortunado; la exposición logró un diálogo natural entre las obras gráficas contemporáneas de Alderete y las obras etnográficas, a pesar de encontrarse descontextualizadas de su lugar de creación y su función, en una especie de juego de reflejos, muy certeramente expresado en el ensayo fotográfico de Gerardo Montiel Klint.

En este encuentro, la sorpresa fue mutua: en el Museo no sabían de la gran admiración de Alderete hacia Miguel Covarrubias, y Jorge Alderete tampoco sabía que la mayoría de las piezas seleccionadas para acompañar su obra habían sido escogidas por el mismo Covarrubias en 1948, en el marco de un intercambio con el actual Field Museum de Chicago. Las piezas seleccionadas llegaron al, por aquel entonces, Museo Nacional de Antropología, situado en la calle de Moneda 13, en 1952, y en 1954 se abrió la Sala de los Mares del Sur, la primera sala permanente en México con objetos no nacionales. Así, el círculo se cerraba con la exposición: el Museo Nacional de las Culturas, el Dr. Alderete y, ni más ni menos, Miguel Covarrubias.

La mirada del artista no es neutral. El gran conocimiento sobre las diversas etapas y facetas de la historia de la Polinesia, adquirido tras años de investigación, coleccionismo y fascinación, permea de manera notoria las obras que se mostraron por primera vez en México, iniciando el recorrido de la exposición en su punto de origen; la isla de Rapa Nui. La exposición fue inaugurada en el Museo Nacional de las Culturas de la Ciudad de México el 29 de julio de 2015, y ya forma parte del programa de itinerancia del Museo, lo que ha permitido exhibirla en la Alhóndiga de Granaditas, Museo Regional de Guanajuato, en 2016.

Raffaela Cedraschi es curadora del Museo Nacional de las Culturas, instittución que desde junio de 2017 fue renombrada oficialmente como Museo Nacional de las Culturas del Mundo (MNCM).

DR. ALDERETE IN THE NATIONAL MUSEUM OF CULTURES

By Raffaela Cedraschi
Photographic essay by Gerardo Montiel Klint

Alderete sees and observes ("tike'a") Rapa Nui (Easter Island) and all the mystery that surrounds its culture in the exhibition Tike`a: Rapa Nui and the Islands of the Pacific, which collects multiple elements of a graphical journey that reveals the similarities and differences between the distinct groups of people that inhabited the great "sea of islands" that constitute Near Oceania and Remote Oceania (previously known as Melanesia, Micronesia and Polynesia).

The encounter between the works of Jorge Alderete and the National Museum of Cultures was a fortunate one. The exposition developed into a natural dialogue between the contemporary graphic works of Alderete and the ethnographic works on display, despite them being decontextualized from their places of creation and their functions, in a sort of play of reflections, accurately expressed in the photo-essay by Gerardo Montiel Klint.

In their encounter, the surprise between the two parties was double: in the Museum, Alderete's great admiration for Miguel Covarrubias was not previously known, and Jorge likewise did not know that most the pieces selected to accompany his work had been chosen by the same Covarrubias in 1948, as part of an exchange with what is now the Chicago Field Museum. In that period, the selected pieces also passed through the National Museum of Anthropology on 13 Calle de Moneda in 1952, and in 1954 the Sala de los Mares del Sur (the South Seas Gallery) was opened; the first permanent exhibit in Mexico with non-national objects. Thus the circle closes for this exhibition: the National Museum of Cultures, Dr. Alderete, and none other than Miguel Covarrubias himself.

The artist`s gaze is not neutral. A great knowledge of the diverse periods and facets of this singular place, acquired from years of research, collection and fascination, clearly permeate the works that were shown for the first time here in Mexico, but which began their journey in their place of origin, the island of Rapa Nui. The exhibition was inaugurated in the National Museum of Cultures, Mexico City, July 29th, 2015, and has already become part of the traveling program of the museum, also having been exhibited in Alhondiga de Granaditas, in the Regional Museum of Guanajuato, 2016.

Raffaela Cedraschi is the curator of the National Museum of Cultures, which since June 2017 has been officially renamed the National Museum of World Cultures (MNCM).

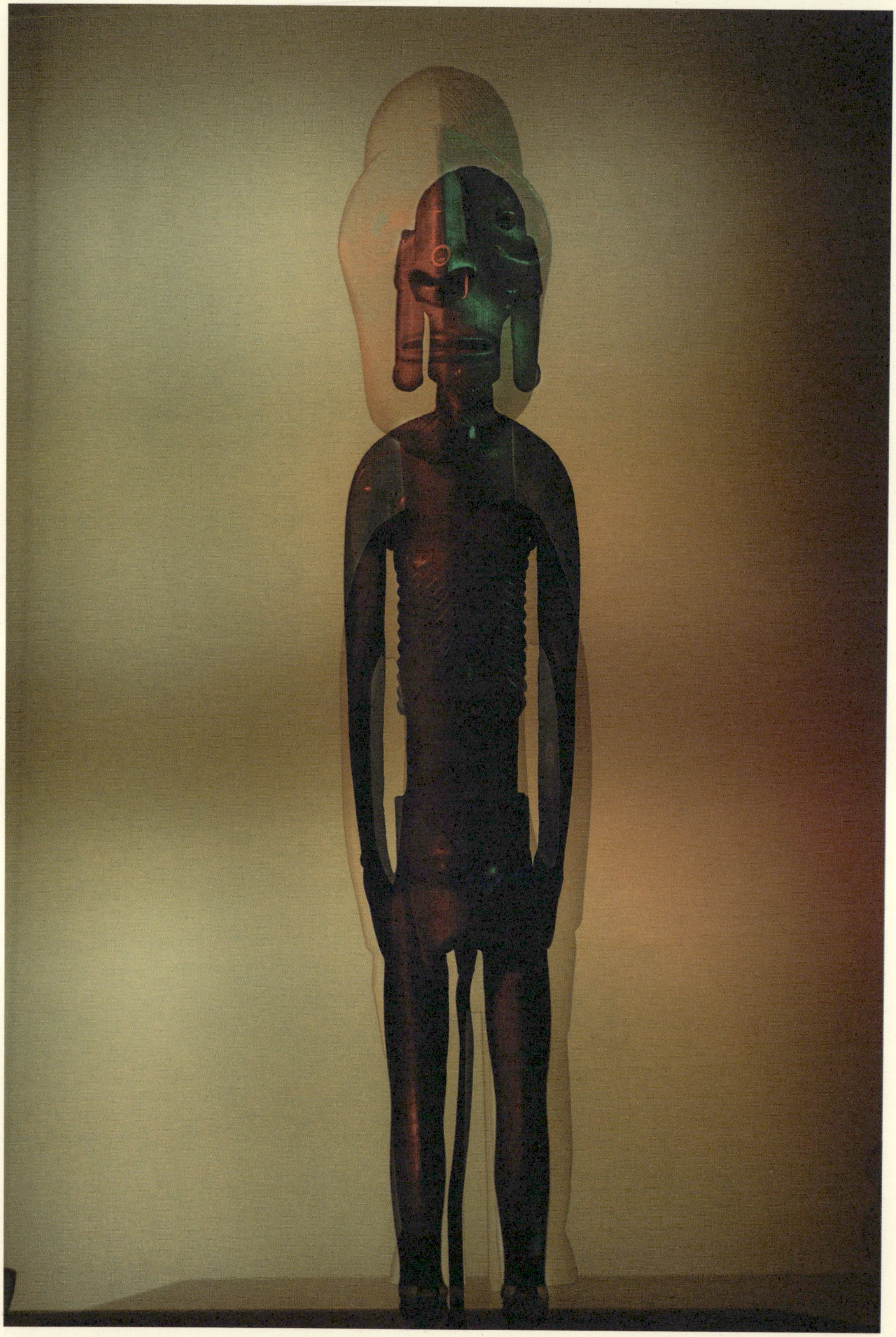

PÁGINA IZQUIERDA // Los *Moáis kavakava*, reconocibles por su aspecto "demacrado", son las representaciones de seres ancestrales espirituales, los *akuaku*, considerados como transmisores de sabiduría y conocimiento de las técnicas humanas. Las esculturas, generalmente guardadas envueltas en tela de tapa, se mostraban en ciertas ceremonias conmemorativas, colgadas del cuello de su dueño.

ESTA PÁGINA // Las esculturas *Moái tangata*, en cambio, son las representaciones de antepasados reales que pertenecían a familias específicas.

PÁGINA SIGUIENTE // Miniaturas de *manutara* u hombres-pájaros, un culto tardío de Rapa Nui. Cada septiembre, desde Orongo, al extremo sur de la isla, los guerreros que representaban los diferentes clanes nadaban hasta el islote Motu Nui para recolectar un huevo de golondrina de mar negra. El jefe del guerrero que regresaba primero con el preciado objeto se convertía en hombre-pájaro y en el jefe espiritual y secular de la isla por un año.
Rapa Nui-Isla de Pascua, Chile (Polinesia).
Colección Museo Nacional de las Culturas

LEFT PAGE // The *Moái kavakava*, known by their extremely thin appereance, are the representation of ancient spirits (the *akuaku*) considered the teachers of knowledge and human techniques. These sculptures were kept wrapped in tapa tissue expect during commemorative ceremonies, when their owner wore them in a necklace.

THIS PAGE // The *Moái tangata* sculptures represent the ancestors that belonged to specific families in the island.

NEXT PAGE // The *manutara* or man-birds, a late cult in Rapa Nui. Every September, several warriors representing the different tribes of the island, swam from Orongo (the southest point of Rapa Nui) to Motu Nui island looking for a storm-petrel egg. The chief of the warrior who arrived first was recognized as the man-bird, the spiritual and civic chief of the island, during a year.

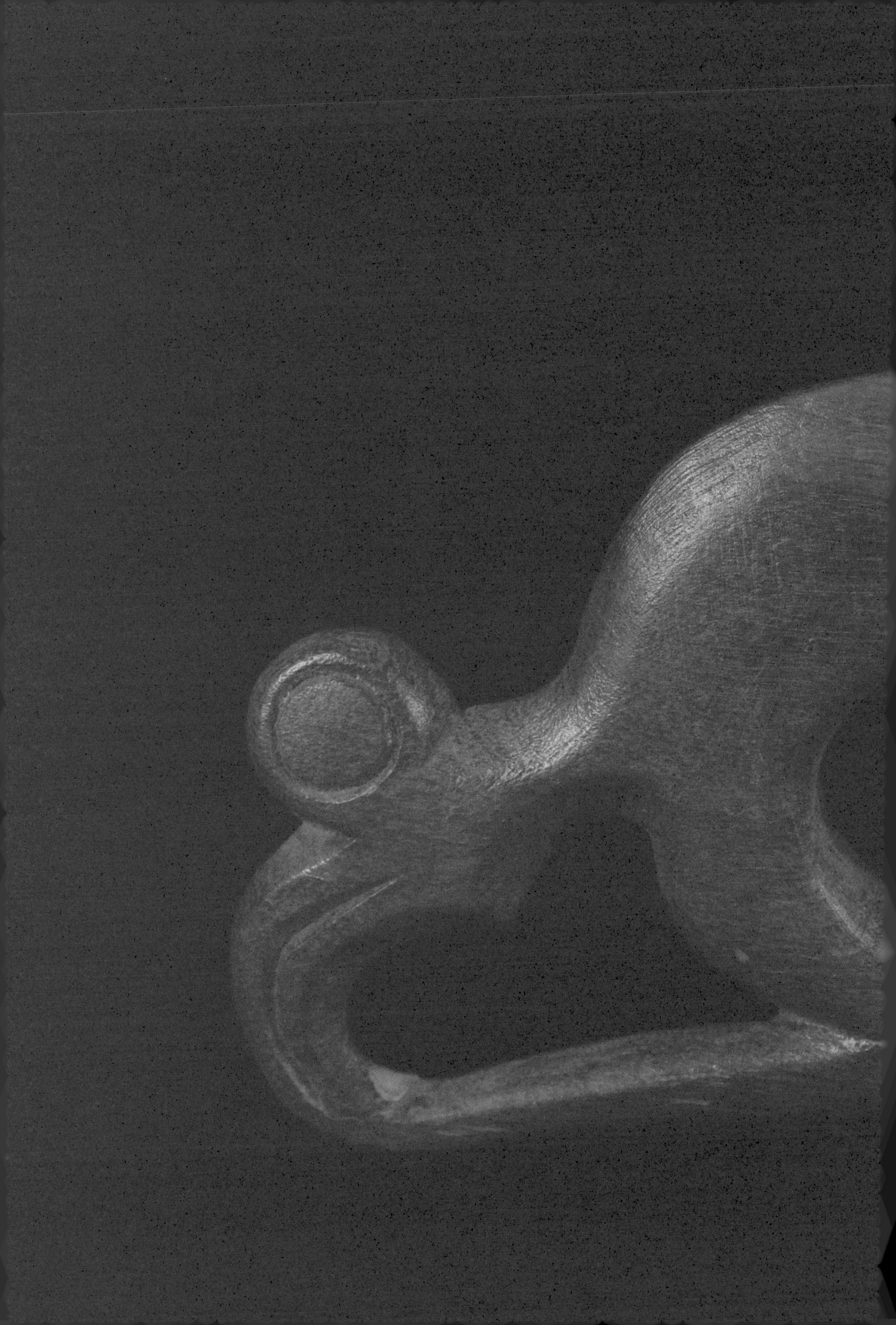

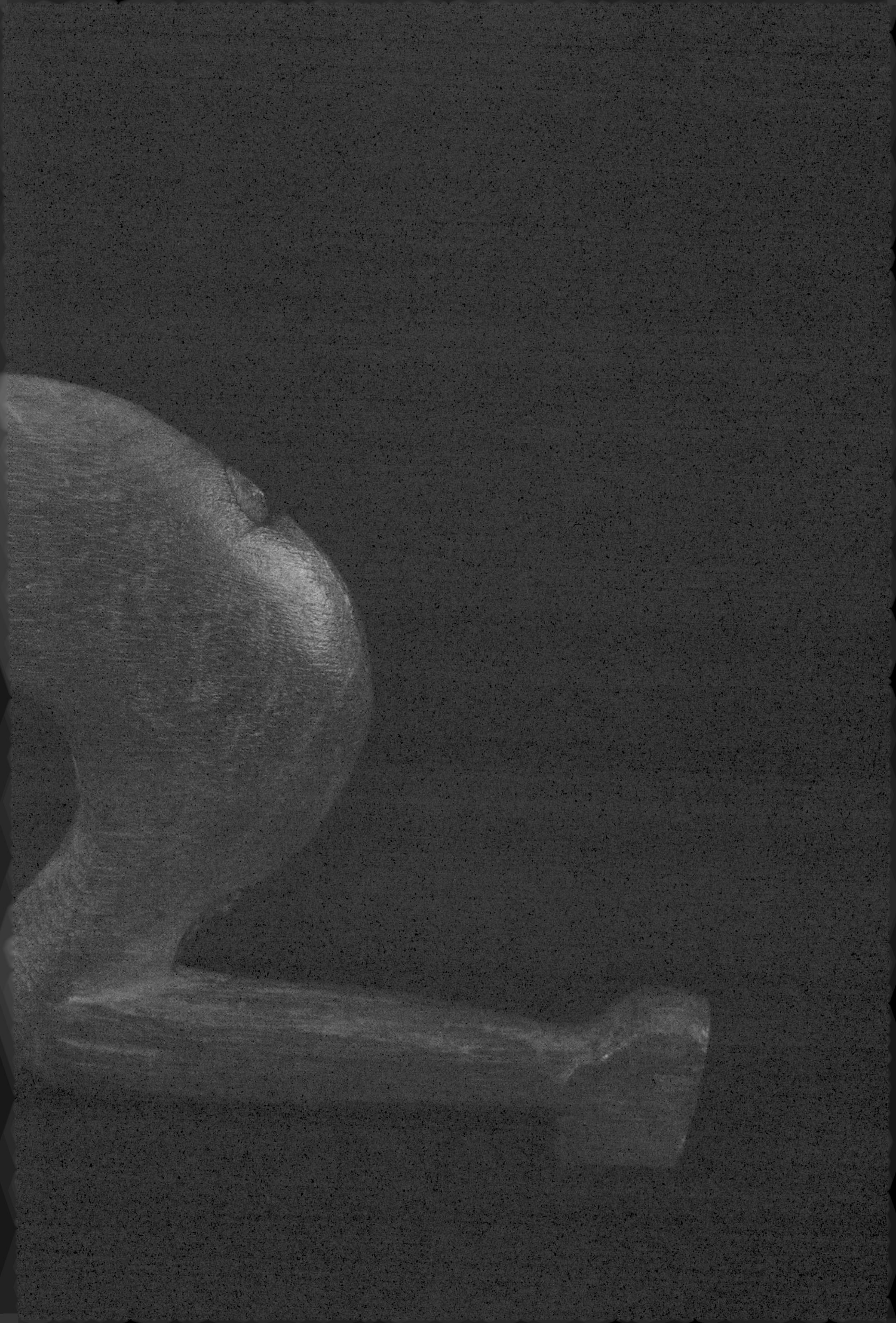

Esculturas en cuclillas, posiblemente relacionadas con el culto a los antepasados. Tradicionalmente acompañaban al difunto en la canoa funeraria que llevaba al muerto a la morada de los espíritus.
Isla de Tobi, República de Palaos (Belau).
Colección Museo Nacional de las Culturas

Sculptures of people squatting were probably related to the cult to the ancestors. Traditionally, these sculptures were introduced in the funerary canoes that take the dead to the abode of spirits.

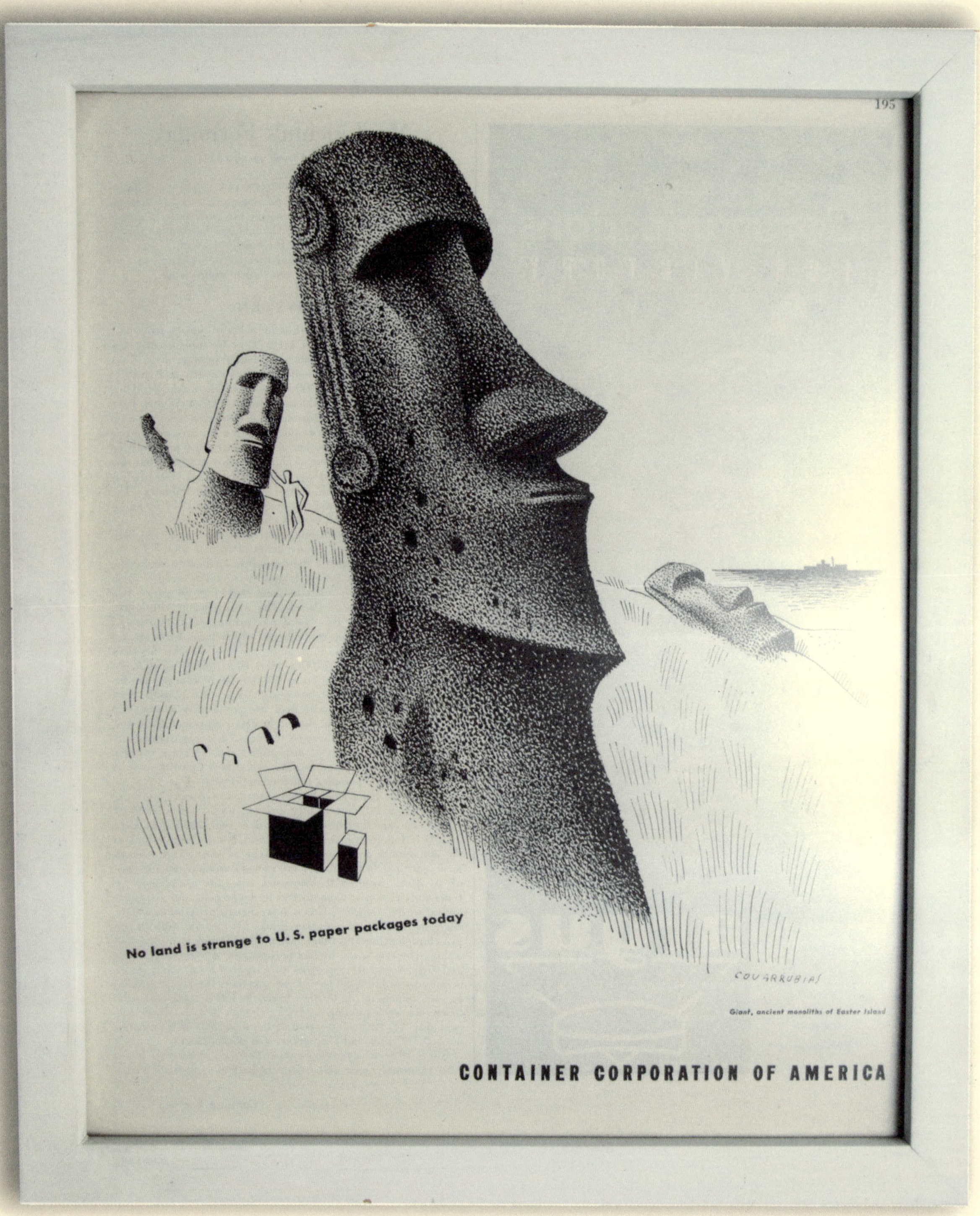

EN ESTA PÁGINA // Miguel Covarrubias, anuncio publicitario para Container Corporation of America, 1944. Colección Jorge Alderete.
EN ESTA PÁGINA // Miguel Covarrubias, magazine ad for Container Corporation of America, 1944. Jorge Alderete's Collection.

PÁGINA SIGUIENTE // Paul Gauguin, *Los ancestros de Tehamana o Tehamana tiene muchos padres (Merahi metua no Tehamana)*, 1893.
NEXT PAGE // Paul Gauguin, *The Ancestors of Tehamana OR Tehamana Has Many Parents (Merahi metua no Tehamana)* 1893.

LA VUELTA DE LOS *TUPAPAU*

LAS OBRAS DE PAUL GAUGUIN, MIGUEL COVARRUBIAS Y EL DR. ALDERETE SOBRE POLINESIA.

POR ANAHÍ LUNA

Miles de leguas de azul se extienden sobre la mitad de nuestro planeta. Se trata del Océano Pacífico, un mar al que Melville atribuyó incansables fuerzas, y reconoció ser "el corazón de la tierra, palpitante de mareas" que "hace rodar las aguas centrales del mundo". El monstruo Moby Dick es metáfora de este mar habitado por vías lácteas de islas de coral y "archipiélagos infinitos" de historia. Comprender la complejidad geográfica del Pacífico implica dejar a un lado el paradigma cartográfico que da un lugar central a los continentes con sus grandes masas terrestres. Al centro de este mar está Oceanía, un enorme continente acuático que contiene alrededor de 25, 000 islas de formaciones variadas: algunas de estas se agrupan en archipiélagos de distintos tamaños, unas cuantas, como es el caso de la volcánica Rapa Nui, parecieran estar totalmente aisladas. Pero ni la Isla de Pascua es realmente una isla, sino parte de una macro-región cultural, un mar de islas, que debe ser comprendida en correlaciones.

En 1840, un marino conocido como Herman Melville, a bordo del ballenero Acushnet, llegó a las islas Marquesas. Estas islas, durante las primeras décadas del siglo XIX eran el espacio favorito para reabastecimiento de los barcos comerciales. Nuku Hiva, ubicada al norte del archipiélago, fue el escenario de *Typee* (1846), su primera novela, de corte autobiográfico. Tommo, el narrador, es un desertor del ballenero Dolly. Junto con su compañero Toby, se adentra en las profundidades selváticas y montañosas de la isla donde son capturados por los temidos taipis, una tribu de mala fama por ser devoradores de carne humana. El argumento presenta una tensión interesante y una postura ambivalente en relación a los nativos de Polinesia: mientras que enaltece el carácter y las circunstancias de los taipis como seres afables, paganos y libres, condena la inconstancia en la que viven inmersos. Su religión es presentada como un ejercicio informal y pasional que guarda poca reverencia o acaso respeto a sus ancestros, comúnmente abandonados y devorados por el follaje de los espesos bosques.

Muchos objetos en Oceanía están hechos bajo principios creativos que responden a lo efímero. Al contrario de nuestra cultura, la inestabilidad es apreciada como una característica de los procesos vitales. La constante transformación no es una debilidad, sino expresión de una potencia que hace fluir las relaciones. Oceanía es una compleja constelación, un "entramado de islas" donde personas, ancestros, animales, objetos, canoas, comida, piedras y paisajes se encuentran de manera incesante tejiendo esta manta marina. A partir del siglo XVI, con la llegada de los navegantes provenientes de Europa y los Estados Unidos, comenzó una larga historia de transacciones coloniales que afectaron para siempre la vida en el Pacífico. Al principio, estos contactos estuvieron organizados en relaciones de intercambio. Dada la enorme distancia que aguardaban las rutas de navegación, los viajeros se veían forzados a realizar trueques con los nativos de las islas. Sin agua y comida fresca las tripulaciones no sobrevivían los largos meses en altamar. Además de los fascinantes registros de nuevas islas, rutas, etnias y especies, navegantes como Fernando de Magallanes, Abel Tasman, Jacob Roveggen, Samuel Wallis, Louis-Antoine de Bougainville, James Cook, Jean-François de La Pérouse y Adam Von Krusenstern nos legaron invaluables colecciones de cultura material: estatuas, escudos, cestería, plumaria, mazos, anzuelos, textiles, objetos varios que, a principios del modernismo, estimularon procesos creativos en las metrópolis occidentales. Sustraidos de sus dinámicas rituales, el colonialismo y el modernismo dotaron de nuevas identidades a estos artefactos.

La producción de arte moderno inspirado en el Pacífico está intrínsecamente ligada a una historia violenta de primeros contactos con navegantes, agentes, misioneros y balleneros vueltos una gran literatura. Tomemos el caso de Tahití que, durante el siglo XIX, fue la sede de un gobierno centralizado en el archipiélago entero de las Islas de la Sociedad. Las innumerables visitas de los navegantes europeos y la relaciones que generaron, hizo que el jefe Pomare, extendiera su poder y estableciera una dinastía que finalmente controló todo el archipiélago. Luego vino la conversión de su hijo Pomare II al catolicismo y, poco después, a mediados del siglo, la guerra franco-tahitiana terminó por cimentar el dominio de Francia sobre el archipiélago. Paul Gauguin aprovechó las condiciones que el dominio francés le ofrecía y se embarcó hacia

Tahití. En un principio estuvo inspirado por *Le Mariage de Loti* (1880), una novela autobiográfica que Pierre Loti, oficial de la Marina Francesa, escribió a partir de sus aventuras amorosas con las sensuales tahitianas, mientras cumplía una misión en la isla. (Ver página 64). Pero más allá del exotismo que se le ha atribuido, resulta sorprendente la comprensión que Gauguin logró tener sobre las artes de Polinesia. Sus pinturas están habitadas por hermosas tahitianas, pero también por *tupapau*, fantasmas, presencias o espíritus que, al igual que las mujeres, lograron ejercer una fascinación sobre él. Se trata de una ambigüedad interesante como en Melville. Pero ahora no se trata del contraste entre nobles salvajes y caníbales, sino de mujeres sensuales y de espíritus ominosos. En este contexto, me interesa resaltar especialmente la trascendencia de las esculturas de Rapa Nui en su obra. En sus pinturas y grabados dota de monumentalidad a los dioses tahitianos. Es a partir de los gigantes de la Isla de Pascua (moái), que surgen sus representaciones de la diosa Hina, figura de la mitología polinesia que encarna la regeneración y, según Gauguin, la luna. Un par de años antes de su primer viaje a Tahití, Gauguin visitó la Exhibición Universal de París, donde tuvo probablemente su primer encuentro con las artes de los Mares del Sur. Algunos afirman que es probable que haya visto la escultura de Moái kavakava, una escultura de madera masculina de aspecto cadavérico que el Dr. Alderete dibujó en la lámina de la Isla de Pascua (Ver página 44). Otro ejemplo de su encantamiento con las artes de Rapa Nui es visible en una de sus obras más fascinantes: *Merahi metua no Tehamana (Ancestros de Tehamana)*, pintada en 1893. El cuadro es uno de los retratos de Tehamana, su bella compañera tahitiana, en esta ocasión vestida de misionera. A su derecha está a la diosa Hina y, flanqueando sus hombros, tres rostros fantasmáticos de *tupapau*, asoman su perfil. Pero quizá el aspecto más develador de esta enigmática pintura sea la presencia de once signos de una de las pocas tabletas rongo rongo o "madera parlante" de Rapa Nui. La tabla que Gauguin copió formaba parte de la colección del francés Florentin-Étienne Jaussen, el primer obispo de Tahití. Monseñor Jaussen se interesó por estas tablas porque en 1868 recibió una de manos de los rapanuienses quienes estaban muy agradecidos con él. El obsipo había logrado que terminara e! terrible tráfico de esclavos, donde nativos de Rapa Nui fueron forzados a trabajar en las plantaciones de Tahití.

Gauguin, muy probablemente fue uno de los pocos primitivistas que lograron transitar a una verdadera comprensión de la otredad. Su obra, a diferencia de la sucesiva generación de pintores modernos, está caracterizada por presencias que trascienden el ámbito formal de lo plástico. No se trata simplemente de efectos exotizantes, sino de una obra repleta de auténticos afectos, que dan testimonio de sus experiencias personales y de las condiciones de vida en el mundo polinesio que le tocó vivir. Su obra es quizá el germen de un modernismo post exotista que apuntala hacia una sensualidad más compleja.

Algo del espíritu de Gauguin está presente en las imágenes del Dr. Alderete sobre el Pacífico. El uso que hace del color devuelve la vida a las viejas imágenes de una forma tan vibrante que es casi imposible no desear tener una conversación con ellas. Aunque parecen síntesis, su potencia es profunda pues cada una de las láminas y los seres dibujados en ellas son parte de una historia. Objetos, personas y elementos del paisaje están unidos mediante la yuxtaposición y la fragmentación. La constante reinserción en su obra de figuras registradas por viajeros tempranos nos transforma en navegantes predilectos de un continente cuyos fantasmas viven en su arte.

Entre Gauguin y el Dr. Alderete, Miguel Covarrubias es la bisagra. Covarrubias fue un talentoso dibujante, caricaturista, etnólogo, coleccionista y escenógrafo que dedicó la mayor parte de su vida a estudiar las artes indígenas. En 1939, con motivo de la Exposición Internacional Golden Gate en San Francisco, California, fue invitado a pintar seis grandes mapas murales sobre el Pacífico. La solución plástica que realizó fue innovadora, al colocar la cuenca del Pacífico al centro de la composición. Las masas de visitantes que acudieron a la famosa "Treasure Island", sede de la exposición, ubicada en una isla artificial en la Bahía de San Francisco, tuvieron la oportunidad de acercarse a las artes de los pueblos que viven alrededor de esta macro región y admirar, atónitos, en los pabellones, las delirantes recreaciones y reinvenciones de la arquitectura maya, inca, malaya y camboyana: una suerte de arqueología interpretada con una estética futurista. A manera de homenaje dentro de la feria, se construyó un espacio dedicado a "los valientes exploradores del Océano Pacífico". Éste descansaba en el edificio de la "Pacific Court" cuya entrada estaba resguardada por la diosa Pacífica, una apoteósica escultura femenina de color blanco realizada por Ralph Stackpole en estilo art-déco de 25 metros de alto, capaz de dejar sin aliento a todo aquel mortal que se acercase a contemplarla. Si bien, la obra fue concebida para representar la paz mundial y la "unidad del Pacífico", a la distancia histórica no resulta extraño que, al finalizar esta Feria, la marina estadounidense con el objetivo de establecer una base naval, comprara la "Treasure island" e hiciera estallar esta obra junto con las demás estructuras. La Segunda Guerra Mundial comenzaba y Estados Unidos se encontraban lidiando cruentas batallas

AHI METUA NO

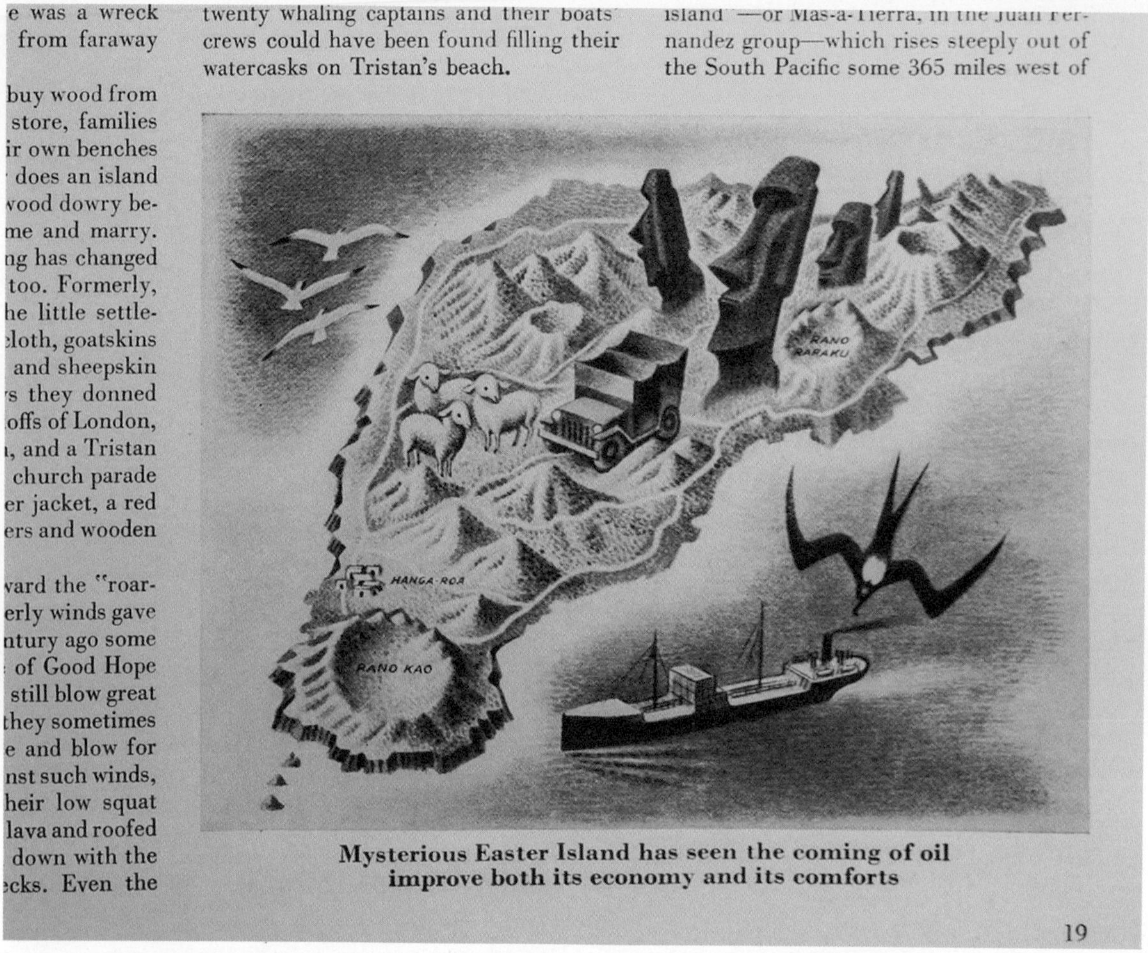
e was a wreck
from faraway

buy wood from
store, families
ir own benches
does an island
vood dowry be-
me and marry.
ng has changed
too. Formerly,
he little settle-
cloth, goatskins
and sheepskin
s they donned
offs of London,
, and a Tristan
church parade
er jacket, a red
ers and wooden

vard the "roar-
erly winds gave
ntury ago some
of Good Hope
still blow great
they sometimes
e and blow for
nst such winds,
heir low squat
lava and roofed
down with the
cks. Even the

twenty whaling captains and their boats' crews could have been found filling their watercasks on Tristan's beach.

island —or Mas-a-Tierra, in the Juan Fernandez group—which rises steeply out of the South Pacific some 365 miles west of

Mysterious Easter Island has seen the coming of oil improve both its economy and its comforts

19

Mapa de la Isla de Pascua, Miguel Covarrubias, *The Lamp,* junio 1953, para la Standar Oil Company. Colección privada de Jorge Alderete.
Easter Island map, Miguel Covarrubias, *The Lamp,* June 1953, for the Standar Oil Company. Jorge Alderete´s collection.

en la Guerra del Pacífico que terminó con la rendición de Japón ante los aliados después del lanzamiento de bombas atómicas sobre las ciudades de Hiroshima y Nagasaki.

Seducido por las experiencias estéticas que otros artistas habían tenido, Covarrubias eligió a la isla de Bali como su destino espiritual. La experiencia de vivir entre los balineses lo transformó de artista a etnógrafo, proceso que culminó con la publicación de un libro que acrecentó su fama como conocedor de las artes balinesas. Durante su segundo viaje al Pacífico en 1933, visitó Las Islas Marquesas, Tahití, las Islas Cook, Rarotonga, Fiyi, las Nuevas Hébridas (ahora Vanuatu), Suva y Samoa. Cuando en 1935 lo invitaron a ilustrar *Typee,* Covarrubias estudió cuidadosamente los diseños de los tatuajes de las Islas Marquesas. En su archivo, entre dibujos y recortes de imágenes de viejos grabados de jefes marquesanos, existe una selección de copias impresas del espléndido estudio gráfico que el etnógrafo alemán Karl von den Steinen desarrolló en *Los marquesanos y su arte.* Este libro, por demás fascinante, fue resultado de una estancia de campo realizada a finales del siglo XIX, y marcó un precedente sin igual para los estudios de la ornamentación y de los tatuajes en Polinesia. Covarrubias estudió estos diseños copiándolos de manera reiterada en papel. Es posible destacar su interés por ciertas formas sobre otras, por ejemplo, el rostro dibujado a la izquierda en la primera línea (Ver página 147) es el motivo *kake,* nombrado también *poii* o *poiri,* del cual, el estudioso alemán se preguntó si acaso este enigmático rostro no correspondía a la estilización del semblante del dios ancestral Tiki. En la tercera línea de dibujos podemos ver los diseños *etua* en los que von den Steinen reconoció el motivo arquetípico de la silueta de un tiki acuclillado. En el libro del alemán también se incluyen

Portada de la revista *The Lamp*, Miguel Covarrubias, junio 1953, para la Standar Oil Company. Colección privada de Jorge Alderete
Cover of the *The Lamp* magazine, Miguel Covarrubias, June 1953, for the Standar Oil Company. Jorge Alderete´s collection.

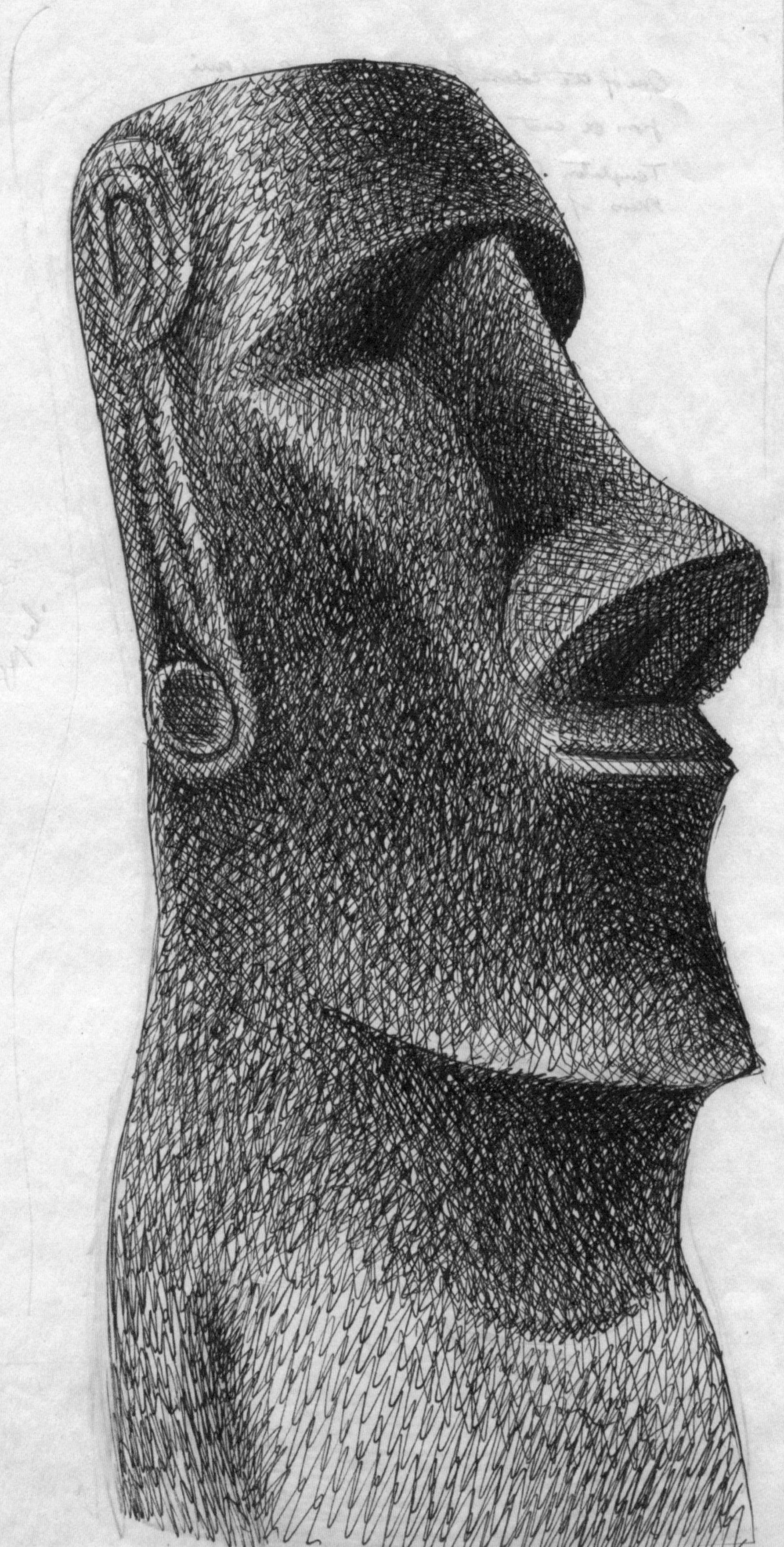

antiguos grabados que algunos viajeros realizaron durante su paso por la región. Además de los tatuajes, en muchos objetos de las Islas Marquesas es posible advertir la presencia de rostros de diferentes tipos que miran hacia todas las direcciones. Se trata de diseños que según el antropólogo Alfred Gell, representan a los *atua* (dioses) como observadores y vigilantes (Ver página 147).

Covarrubias al igual que el Dr. Alderete estuvo enamorado del Pacífico durante toda su vida. No sólo sus dibujos y sus escritos lo atestiguan, sino también una de sus facetas menos conocidas: el coleccionismo de piezas etnográficas. Esta tremenda obsesión que tenía por las artes indígenas lo llevó a emprender, a finales de 1940, la gestión del más ambicioso proyecto de intercambio de acervos entre el Museo Field de Chicago y el Museo de Antropología de la Ciudad de México. Si bien, el proyecto de esta transacción generó una polémica alimentada por los nacionalistas obsesos que temían perder una parte del patrimonio mexicano, el intercambio se concretó. En el acuerdo final, México cedió un numeroso grupo de piezas prehispánicas y recibió a cambio una invaluable colección de objetos etnográficos y arqueológicos de Norteamérica y Oceanía que conformaron la primera colección de cultura material del Pacífico en el país. Covarrubias era un tipo de una sensibilidad extraordinaria, eligió cuidadosamente las piezas dando prioridad al dominio de la técnica, la sofisticación y el hábil manejo de materiales orgánicos. Además de traer Oceanía a México, deseaba que el público mexicano se acercara a estas espléndidas piezas y apreciara en ellas, un arte moderno creado desde otras latitudes. En 1964, el Museo Nacional de Antropología se trasladó a Chapultepec y las piezas extranjeras, entre ellas las de Oceanía, se quedaron en el antiguo recinto del Centro Histórico transformado en Museo Nacional de las Culturas. Cuando, en 2015, el Dr. Alderete se acercó a este museo para proponerles una exposición sobre sus ilustraciones del Pacífico descubrió esta historia sobre Covarrubias, un artista cuya admiración lo ha llevado a coleccionar sus obras apasionadamente. Algunas de las piezas del Pacífico que dibujó en las láminas que conforman la serie de *Tike´a* son similares a las que Covarrubias seleccionó para la colección de este museo. La exposición *Tike´a Rapa Nui* se montó acompañada de algunos de estos objetos que acentuaron el carácter tridimensional de los dibujos del Dr. Alderete. En medio de esta agitación, nos resultaba inevitable pensar que el inquieto fantasma de Miguel Covarrubias, una vez más, andaba haciendo lo suyo: uniendo y reactualizando la vigencia del arte indígena del Pacífico a través de la obra vibrante del Dr. Alderete.

No hay duda que las pasiones unen. A veces, basta mirar los dibujos de ambos artistas para darnos cuenta de ello. Los Moáis son esculturas fuertes y vigorosas con un espléndido modelado de la forma que atrajo tanto a Covarrubias como al propio Alderete. Otro aspecto inquietante es el estado que guardan: de la mayoría sólo vemos su cabeza porque la otra parte del cuerpo sigue enterrada. Este aspecto casi fantástico y surrealista fue retomado por Max Ernst en su célebre novela-collage *Une Semaine de Bonté* (*Una semana de bondad*, 1934). En el quinto cuaderno de esta obra delirante, se despliegan collages irreverentes, humorísticos y cargados de yuxtaposiciones. En el titulado "La Isla de Pascua", una bella mujer vestida a la usanza decimonónica abraza a un hombre escindido en dos cuerpos: en una de las figuras, el hombre de aspecto melancólico parece suplicarle por su amor; mientras ella, con su brazo derecho, sujeta una serpiente y abraza al otro cuerpo cuya cabeza de Moái mira hacia el horizonte en actitud altiva. Una frase de su amigo Jean Arp aparece antes del collage y exclama: "Bravo. Bravo. Las piedras se llenan de entrañas". Mientras Covarrubias dibuja a los Moáis dialogando con los nativos, el Dr. Alderete les confiere una vida extraña y portentosa en absoluta consonancia con la inmortalidad que eligió el gran Max Ernst para estos gigantes de piedra. En *Levitación*, (Ver página 151) un poderoso y elegante mago-Moái canaliza con sus manos, los rayos que hacen levitar una mujer que es posiblemente su novia. En el fondo de *Tape Recorder* (Ver página 157) un monumental Moái emite unos todopoderosos haces de luz desde sus ojos. Aquello parece una visita alienígena presidida por el gigante, un pterodáctilo y sus aliados alienígenas sobre Rapa Nui. Dos niños caminan y observan a una mujer con mirada macabra y casetera en mano. Además del efecto musical apoteósico, esta ilustración me hace preguntarme cómo observaron los nativos del Pacífico a los navegantes de ultramar. Muchos de ellos se volvieron imágenes e historia. Otros, como los *tupapau*, se quedaron en las pinturas de Gauguin para seguirnos observando.

PÁGINA IZQUIERDA // *Moái, Isla de Pascua*,
Miguel Covarrubias,
Archivo Miguel Covarrubias, Sala de Archivos y Colecciones Especiales, Dirección de Bibliotecas, Universidad de las Américas Puebla.

LEFT PAGE // *Moái, Easter Island*,
Miguel Covarrubias.
Archive Miguel Covarrubias. Archives and Special Collections Chamber, Libraries Division, University of the Americas Puebla.

THE RETURN OF THE *TUPAPAU*

THE WORKS OF PAUL GAUGUIN, MIGUEL COVARRUBIAS AND DR. ALDERETE ON POLYNESIA.

By Anahí Luna

Thousand of leagues of blue stretch over half of our planet. This is the Pacific. Melville attributed indefatigable forces to this ocean, and recognized it as the "tide-beating heart of the earth" that "rolls the midmost waters of the world". The monster Moby Dick is a metaphor for this sea, inhabited by Milky Ways of coral reef and "infinite archipelagos" of history. To understand the geographic complexity of the Pacific implicates leaving aside the cartographic paradigm that gives a central role to the continents with their great terrestrial masses. At the center of this sea is Oceania, an enormous aquatic continent that contains around 25, 000 islands of various formations. Some of these are arranged in archipelagos of distinct sizes, some of which, as is the case with the volcanic Rapa Nui, seem completely isolated. However, not even Easter Island is truly an island, but is part of a cultural macro-region, a sea of islands that should be understood through the ways they correlate to each other.

In 1840, a sailor known as Herman Melville, on board the whaler Acushnet, arrived in the Marquesas Islands. The islands were favored for the resupply of commercial ships during the first decades of the 19th century. Nuku Hiva, at the north of the archipelago, served as the setting for Typee (1846), his first novel, based on his own experiences. Tommo, the narrator, is a deserter from the whaler Dolly. Together with his companion Toby, he plunges into the jungles and mountains of the island, where they are captured by the fearsome Taipis, a tribe with a reputation for devouring human flesh. The story contains an interesting tension and an ambivalent posture regarding the natives of Polynesia: while it exalts the Taipis as free, affable, pagan beings, it condemns the circumstances in which their lives are immersed. Their religion is presented as an informal and passionate exercise that contains little reverence or respect for their ancestors, communally abandoned and devoured by the foliage of the thick forests.

Many objects in Oceania are made under creative principles that are oriented towards the ephemeral. In contrast with our culture, instability is appreciated as a characteristic of life processes. Constant transformation isn't a weakness, but an expression of a power that gives fluidity to relations. Oceania is a complex constellation, a "network of islands" in which people, ancestors, animals, objects, canoes, food, rocks and landscapes incessantly meet, sewing together a maritime quilt. Since the 16th century, with the arrival of sailors from Europe and the United States, the long history of colonial transactions began and it would forever affect ways of life in the Pacific. In the beginning, the contacts were organized as exchange relations. Given the enormous distance that the navigation routes traversed, the travelers found themselves compelled to barter with the island natives. Without water or fresh food the crews couldn't have survived those long months on the high sea. In addition to the fascinating records of new islands, routes, ethnicities and species, navigators such as Ferdinand Magellan, Abel Tasman, Jacob Roveggen, Samuel Wallis, Louis-Antoine de Bougainville, James Cook, Jean-François de La Pérouse and Adam Von Krusenstern left us with invaluable collections of material culture: statues, woven baskets, feather work, mallets, fishing hooks, and textiles. At the beginning of modernism, these objects stimulated creative processes in Western metropolises. Removed from the context of ritual dynamics, colonialism and modernism gave new identities to those artifacts.

The production of modern art inspired by the Pacific is intrinsically tied to a violent history of first contacts with sailors, agents, missionaries and whalers, transformed into great literature. Tahiti, for example, was the site of a centralized government that extended over the entire archipelago of the Society Islands during the 19th century. The innumerable visits of European sailors and the relations that emerged from them allowed the chief Pomare to extend his power and establish a dynasty that eventually controlled the entire archipelago. Next came the conversion of his son Pomare II to Catholicism, and a little later, in the middle of the century, the Franco-Tahitian war assured France's control over the archipelago. Paul Gauguin took advantage of the conditions that French rule offered and embarked for Tahiti. He was inspired at first by *The Marriage of Loti*, an autobiographical novel that Pierre Loti, an officer in the French marines, wrote about his amorous adventures with sensuous Tahitian

PÁGINA IZQUIERDA // *Tiki, Islas Marquesas,*
Miguel Covarrubias.
Archivo Miguel Covarrubias, Sala de Archivos y Colecciones Especiales, Dirección de Bibliotecas, Universidad de las Américas Puebla.

LEFT PAGE // *Tiki, Marquesas Islands,*
Miguel Covarrubias.
Archive Miguel Covarrubias, Archives and Special Collections Chamber, Libraries Division, University of the Americas Puebla.

25957

1

18-19"

"TIKI"

Memorial ancestral statue in black volcanic stone - Marquesas.

women while he served on the island (see page 64). But beyond the oft-mentioned exoticism of his work from this period, Gauguin achieved an impressive understanding of Polynesian arts. His paintings were populated by beautiful Tahitian women, but also by *tupapau*: ghosts, presences, or spirits that fascinated him as much as the women. His work contained an ambiguity that was as interesting as that of Melville. But in Gauguin's case the contrast was not between noble savages and cannibals, but between sensual women and ominous spirits. In this context, I am particularly interested in the significance of the Rapa Nui sculptures in his work. His paintings and prints are characterized by the monumental figures of the Tahitian gods. Gauguin's representations of the goddess Hina are inspired by the Easter Island giants. Hina is the figure in Polynesian mythology that embodies regeneration and, according to Gauguin, the moon. A couple of years before his first journey to Tahiti, Gauguin visited the Universal Exhibition of Paris, where he probably had his first encounter with the arts of the South Seas. There are accounts that he probably saw the Moái kavakava sculpture, a masculine wooden figure with a corpse-like aspect that Dr. Alderete depicted in the Easter Island print (see page 29). Another example of his enchantment with the arts of Rapa Nui is visible in one of his most fascinating works: *Merahi metua no Tehamana (Ancestors of Tehamana)*, painted in 1893. The painting is one of the portraits of Tehamana, his beautiful Tahitian companion, in this occasion dressed as a missionary. To her right is the goddess Hina, and behind her shoulders, three ghostly faces of *tupapau* appear in profile. But maybe the most revealing aspect of this painting is the presence of eleven symbols from one of the few rongorongo, or "talking wood" tablets from Rapa Nui. The tablet that Gauguin copied from was part of the collection of the Frenchman Florentin-Étienne Jaussen, the first bishop of Tahiti. Monsignor Jaussen became interested in these tablets in 1868 when he received one of them from grateful Rapa Nui residents. The bishop had managed to end the horrific slave traffic in which Rapa Nui natives were forced to work in the Tahiti's plantations.

Gauguin was probably one of the few primitivists who were able to achieve a true understanding of otherness. His work, in contrast with the following generation of modern painters, is characterized by presences that transcend the formal context of visual art. It does not just contain exotic effects, but is a work that is replete with authentic affect that bears witness to his personal experiences and the conditions of life in the Polynesian world he lived in. His body of work is the germ of a post-exoticist modernism that underpins a more complex sensuality.
Some of Gauguin's spirit is present in Dr. Alderete's images of the Pacific. His use of color returns life to those old images in such a vibrant manner that it is almost impossible to avoid wanting to talk to them. Even though they appear to be a mere synthesis of earlier works, they have a profound potency, as each of the prints and drawn figures in them is part of a story. Objects, people, and elements of the landscape are united through juxtaposition and fragmentation. The constant reinsertion in his work of figures that had been documented by early travelers brings us back to the favorite navigators of a continent whose ghosts live through its art.

Miguel Covarrubias is the link between Gauguin and Dr. Alderete. Covarrubias was a talented draftsman, caricaturist, ethnologist, collector, and scene painter who dedicated the majority of his life to studying indigenous arts. In 1939, he was invited to paint six giant mural maps of the Pacific for the Golden Gate International Exposition. He came up with an innovative approach to installing the pieces, hanging the Pacific Rim in the center of the composition. The crowds of visitors who attended the famous "Treasure Island" site in the exposition, located on an artificial island in the San Francisco Bay, had the opportunity to become familiar with the arts of the peoples who populate that macro-region. They gathered in the pavilions to admire, astonished, the delirious recreations and reinventions of Mayan, Incan, Malayan, and Cambodian architecture: a sort of archeology interpreted through a futurist aesthetic. In a kind of homage within the fair, a space was dedicated to "the brave explorers of the Pacific Ocean." This space was located in the "Pacific Court" building, whose entrance was watched over by the goddess Pacifica, an enormous white feminine sculpture made by Ralph Stackpole in art deco style, 25 meters high, capable of leaving any mortal who contemplated her breathless. The work was intended to represent world peace and "pacific unity." At this historical distance, it doesn't seem odd that the U.S. Navy would purchase "Treasure Island" after the fair in order to establish a naval base, and would blow this work up along with the other remaining structures. World War II began and the United States found itself engaged in bloody battle in the Pacific War, which ended with Japan's surrender to the Allies after atomic bombs were used against the cities of Hiroshima and Nagasaki.

Seduced by the aesthetic experiences of other artists, Covarrubias chose the island of Bali as his spiritual destination. His experience of living among the Balinese transformed the artist into an ethnographer, a process that culminated in the publication of a book that increased his fame as an expert in Balinese art. During his second journey to the Pacific in 1933, he visited the Marquesas, Tahiti, the Cook Islands, the New Hebrides (now Vanuatu), Suva, and Samoa. When he was invited to illustrate Typee in 1935, he carefully studied tattoo designs from the Marquesas. In his archive, among drawings and cuttings of old prints of Marquesan chiefs, there is a selection of copies from the splendid graphic study that the German ethnographer Karl von den Steinen developed

Islas Marquesas, Miguel Covarrubias.
Archivo Miguel Covarrubias, Sala de Archivos y Colecciones Especiales, Dirección de Bibliotecas, Universidad de las Américas Puebla.

Marquesas Islands, Miguel Covarrubias.
Archive Miguel Covarrubias, Archives and Special Collections Chamber, Libraries Division, University of the Americas Puebla.

in *The Marquesan and their Art* in the Marquesas Islands. This fascinating book was the result of a field study conducted at the end of the 19th century, and marked an unequalled precedent in the study of ornamentation and tattooing in Polynesia. Covarrubias studied these designs, repeatedly copying them on paper. One may note a greater interest on his part for some forms than others. For example, the face drawn on the left on the first line (see page 147) is the *kake* motif, also known as *poii* or *poiri*. The studious German wondered whether this enigmatic face corresponded to a stylization of the countenance of the ancestral god tiki. In the third line of drawings we can see the etua designs in which von den Steinen recognized the archetypal motif of the silhouette of a crouching tiki. The German's book also includes old prints made by travelers as they passed through the region. In addition to the tattoos, it is possible to identify the presence of different types of faces that gaze in every direction. These are designs that, according to the anthropologist Alfred Gell, represent the atua (gods) as observers and sentries (see page 147).

Covarrubias rivaled Dr. Alderete in his life-long love for the Pacific. His drawings and writings are not the only testament to this love. It also surfaces in one of his least-known facets: his collections of ethnographic pieces. His tremendous obsession with the indigenous art brought him to set into motion the most ambitious exchange to date of cultural artifacts between the Chicago Field Museum and the Museo de Antropología in Mexico City. Despite the public debate ignited by the objections of obsessive nationalists who feared losing a part of Mexican patrimony, the exchange went through. In the final agreement, Mexico gave a large set of pre-Hispanic pieces and in exchange received an invaluable collection of ethnographic and archeological objects from North America and Oceania, which made up the country's first collection of cultural material from the Pacific. Covarrubias was an extraordinarily sensitive man, and carefully selected the pieces, giving priority to technical mastery, sophistication, and the skilled use of organic materials. More than just bringing Oceania to Mexico, he wanted the Mexican public to view these splendid pieces and see them as modern works of art created in other latitudes. In 1964, the Museo Nacional de Antropología moved to Chapultepec. The foreign works, among them those from Oceania, stayed in the former site at the city center, now the Museo Nacional de las Culturas. When Dr. Alderete approached this museum in 2015 to propose an exposition of his illustrations from the Pacific, he discovered Covarrubias' history there. His admiration for the older artist had led him to passionately collect his works. Some of the pieces from the Pacific that he had drawn in the images that make up the Tike'a series are similar to those that Covarrubias selected for the museum's collection. The Tike'a Rapa Nui exhibition was displayed along with those objects, that accentuated the tridimensional character of Dr. Alderete's drawings. In the middle of this commotion, it seemed inevitable to think that the restless ghost of Miguel Covarrubias, one more time, was doing its work: uniting and reconfirming the validity of indigenous Pacific art through the vibrant works of Dr. Alderete.

There's no doubt that passion can be unifying. Sometimes, it is enough to look at both artists' drawings to realize that. The Moái are strong, vigorous sculptures with a splendid shape that attracted Covarrubias as well as Alderete himself. Another unsettling aspect is the state in which they rest: we can only see the heads of most of them, because the rest of their bodies are buried. This almost fantastic, surrealist aspect was taken up by Max Ernst in his celebrated novel-collage *Une Semaine de Bonté (A Week of Kindness, 1934)*. The fifth section of this delirious work is full of irreverent and humorous collages, full of juxtapositions. In the sections titled "Easter Island, " a beautiful woman dressed in 19th-century style embraces a man split into two bodies. In one of the figures, the man, appearing melancholy, seems to plead for her love while she holds a serpent with her right arm and embraces the other body, whose Moái head arrogantly looks towards the horizon. A quote from his friend Jean Arp appears in front of the collage, exclaiming, "Bravo. Bravo. The stones fill up with entrails." While Covarrubias drew the Moái speaking with the natives, Dr. Alderete confers a strange and portentous life to them, in complete consonance with the immortality that the great Max Ernst chose for these stone giants. In *Levitation*, (see page 151) a powerful and elegant Moái-mage uses his hands to channel the rays that make a woman, possibly his girlfriend, levitate. In the back of *Tape Recorder* (see page 157) a monumental Moái emits all-powerful beams of light from his eyes. This appears to be an extraterrestrial visit to Rapa Nui presided over by the giant, a pterodactyl and their alien allies. Two boys walk and watch a woman with a macabre look and a tape deck in her hand. Beyond its tremendous musical effect, this illustration makes me wonder how the natives of the Pacific perceived the foreign sailors. Many of them became images and history. Others, like the *tupapau*, remained in Gauguin's paintings to continue observing us.

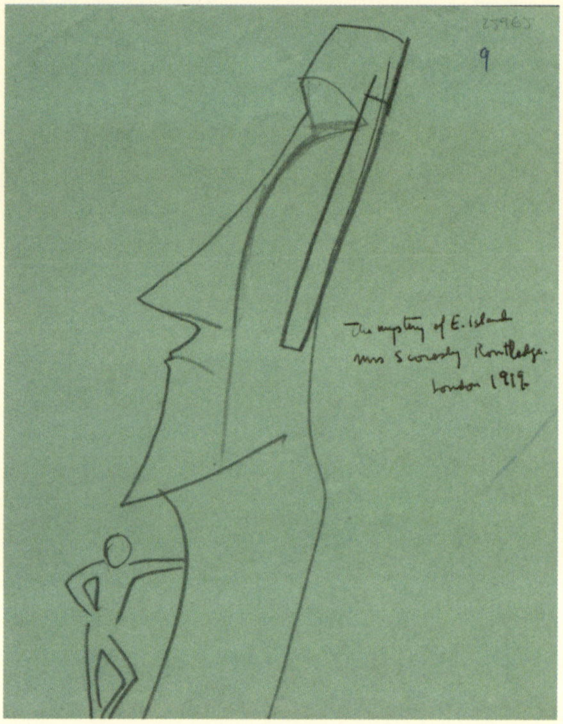

ESTA PÁGINA // Apuntes en lápiz,
Miguel Covarrubias.
Archivo Miguel Covarrubias, Sala de Archivos y Colecciones Especiales, Dirección de Bibliotecas, Universidad de las Américas Puebla.

THIS PAGE // Pencil notes, Miguel Covarrubias.
Archive Miguel Covarrubias, Archives and Special Collections Chamber, Libraries Division, University of the Americas Puebla.

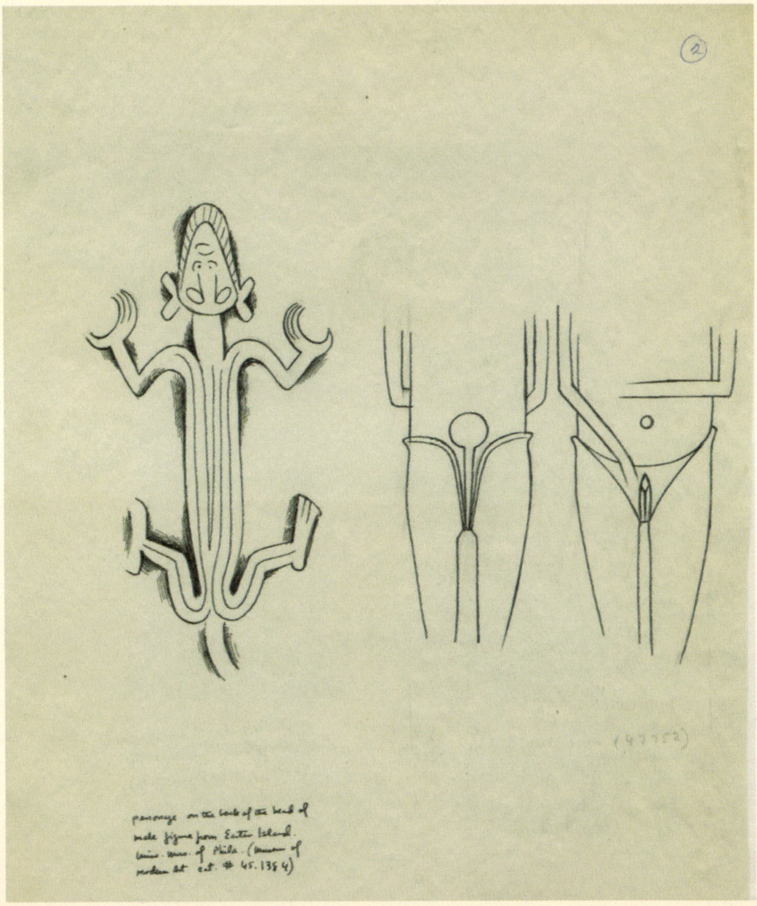

ARRIBA PÁGINA // Sin título, Miguel Covarrubias. Carpeta Islas Marquesas, Archivo Miguel Covarrubias. Sala de Archivos y Colecciones Especiales, Dirección de Bibliotecas, Universidad de las Américas Puebla.

TOP PAGE // No title, Miguel Covarrubias. Marquesas Islands portfolio, Archive Miguel Covarrubias. Archives and Special Collections Chamber, Libraries Division, University of the Americas Puebla.

ABAJO PÁGINA // Apuntes en tinta, Miguel Covarrubias. Archivo Miguel Covarrubias. Sala de Archivos y Colecciones Especiales, Dirección de Bibliotecas, Universidad de las Américas Puebla.

BOTTOM PAGE // Ink notes, Miguel Covarrubias. Archive Miguel Covarrubias. Archives and Special Collections Chamber, Libraries Division, University of the Americas Puebla.

RAPA NUI EN LA HISTORIA Y EN EL IMAGINARIO POPULAR

POR SVEN A. KIRSTEN

Las monumentales estatuas de piedra, es por lo que popularmente se le conoce a la Isla de Pascua que ha inspirado al mundo civilizado desde su descubrimiento. Como creaciones hechas por el hombre, los moáis de Rapa Nui están a la par con el milagro de las pirámides egipcias. El misterio de su propósito, manufactura y transportación ha dado a luz a incontables textos académicos y así como a las teorías más salvajes. Con cada generación de arqueólogos que abrazan esta cultura, nuevos descubrimientos han sumado nuevas teorías al conjunto antes mencionado, tratando de comprender la historia de la isla, su gente y su arte.

Serios tratados sobre la ecología de un lugar aislado, utilizando sus paisajes sin árboles como advertencia sobre los recursos finitos del planeta tierra, hasta la creación de historias que vinculan la isla con la Atlántida o con el espacio exterior, no ha habido la falta de intentos por resolver muchos de los misterios de la Isla de Pascua.

Igualmente, en las artes visuales, los masivos Moáis han inspirado muchas interpretaciones más allá de las meras representaciones de su forma real. A mediados del siglo XX, la popularidad en todo el mundo de los libros del explorador noruego Thor Heyerdahl puso a las estatuas de la Isla de Pascua en medio del fenómeno de la cultura pop mejor conocido como el estilo Tiki. El libro de Heyerdahl acerca de sus hallazgos en la Isla de Pascua, *Aku Aku*, hizo que el Moái apareciera en los menús de los restaurantes, servilletas de bar y en forma de tazas de cóctel y encendedores.

Esto no se hizo por una falta de respeto, sino fue un intento por transportar las misteriosas cualidades que eran inherentes a estas esculturas, a los entornos urbanos del mundo occidental. En 1961, el súper club Kahiki en Columbus, Ohio, recibió a sus clientes con dos estatuas gigantes de los Moáis flanqueando la entrada del restaurante, cuya parte superior estaba en llamas con antorchas de gas. En el interior, al final del salón principal "Quiet Village", un Moái moderno de dos pisos de alto, cuya boca funcionaba como chimenea y cuyos ojos brillaban de color rojo formaban la pieza central del restaurante. En las mesas, saleros, pimenteros y agitadores complementaban la adulación a la Isla de Pascua.

Artistas Tikis americanos, reinterpretaron la imagen de los Moáis, alargando su nariz, volviéndole a dar forma a la boca y acortando su frente, sin embargo el parecido con los originales rara vez se perdió, tal es la cualidad arquetípica de los modelos antiguos.

Visto como de mal gusto por serios estudiosos del arte de Oceanía, en la actualidad estos ejemplos olvidados de la imaginación popular se pueden volver a apreciar como intentos ingenuos que quizá querían capturar algo del *mana* que todavía se encuentra en los gigantes de piedra originales de Rapa Nui. Del mismo modo, muchos de los esfuerzos modernos por interpretar las semejanzas de los Moáis y ponerlos en un contexto contemporáneo son dignas de nuestra atención, ya que pueden servirnos para recordar el poder de la tradición artística del hombre y de sus infinitas formas de interpretación.

PÁGINA IZQUIERDA // *Vulcan Girl*, Jorge Alderete, serigrafía. 2011.
LEFT PAGE // *Vulcan Girl*, Jorge Alderete, silkscreen. 2011.

RAPA NUI IN HISTORY AND POPULAR IMAGINATION

By Sven A. Kirsten

The monumental stone statues of what is popularly known as Easter Island have inspired the "civilized" world since their discovery. As man-made creations, the Moai of Rapa Nui are on par with the miracle of the Egyptian pyramids. The mystery of their purpose, manufacture and transportation has given birth to countless scholarly scriptures as well as the wildest theories. With each generation of archeologists embracing the culture, new findings have added new theories to the body of thought trying to grasp the story of the island, its people and their art.

From serious treatises about the ecology of the isolated place, using its tree-less landscapes as a warning sign for the finite resources of planet earth, to creation-stories linking it to Atlantis or outer-space contact, there has been no lack of attempts to solve the many riddles of Ester Island.

Equally, in the visual arts, the massive Moai have inspired many interpretations beyond the mere naturalistic representations of their actual form. In the middle of the 20th Century, the worldwide popularity of the books of the Norwegian explorer Thor Heyerdahl placed the Easter Island statues in the middle of an American pop culture phenomenon known as Tiki style. Heyerdahl's book about his findings on Easter Island, *Aku Aku*, made the Moai appear on restaurant menus, bar napkins, and in the form of cocktail mugs and cigarette lighters.

This was not done out of disrespect, but in an attempt to transport the mysterious qualities that were inherent in these sculptures into the urban environments of the Western world. In 1961, the Kahiki supper club in Columbus, Ohio, greeted its customers with two giant Moai statues flanking the restaurant entrance whose top knots were aflame with gas torches. Inside, at the end of the "Quiet Village" main room, a two story high modern Moai, whose mouth functioned as a fireplace and whose eyes glowed red, formed the centerpiece of the restaurant. On the tables, small Moai Salt & Pepper shakers completed the adulation of Easter Island art.

American Tiki artists re-interpreted the Moai image by lengthening its nose, re-shaping its mouth, or shortening its fore-head. Yet the resemblance to the originals was seldom lost, such was the archetypal quality of its ancient models.

Seen as tacky and in bad taste by serious Oceanic art scholars, today these forgotten examples of popular imagination can be re-appreciated as naïve attempts to perhaps capture some of the *mana* that still lies in the original stone giants of Rapa Nui. Similarly, many of the modern efforts to interpret the Moais' likenesses and put them into a contemporary context are worthy our attention, as they can serve to further remind us of the power of the artistic tradition of man and its infinite forms of interpretation.

PÁGINA DERECHA // *Levitación*, Jorge Alderete, serigrafía. 2009.
RIGHT PAGE // *Levitation*, Jorge Alderete, silkscreen. 2009.

PÁGINA IZQUIERDA // *El baile final,* Jorge Alderete, serigrafía. 2005.
LEFT PAGE // *Last dance,* Jorge Alderete, silkscreen. 2005.

ESTA PÁGINA // *Rapa Nui girl,* Jorge Alderete, serigrafía. 2013.
THIS PAGE // *Rapa Nui girl,* Jorge Alderete, silkscreen. 2013.

The London Luau 007, Jorge Alderete, serigrafía. 2007.
The London Luau, Jorge Alderete, silkscreen. 2007.

Waves of Reverb, Sea of fuzz, Jorge Alderete,
Estados Unidos: No Fun Records, 2005.
Waves of Reverb, Sea of fuzz, Jorge Alderete,
United States: No Fun Records, 2005.

ESTA PÁGINA // *Isla Prohíbida*, Jorge Alderete, serigrafía. 2017.
THIS PAGE // *Forbidden island*, Jorge Alderete, silkscreen. 2017.

PÁGINA DERECHA // *Tape recorder*, Jorge Alderete, serigrafía. 2017.
RIGHT PAGE // *Tape recorder*, Jorge Alderete, silkscreen. 2017.

ESTA PÁGINA // Portada de *Carboncito fanzine nº 15*, Jorge Alderete, Perú, 2012.
THIS PAGE // *Carboncito fanzine n° 15* cover, Jorge Alderete, Peru, 2012.

PÁGINA DERECHA // *Los profesores Shapiro y Clark examinando el Moái del Museo de Historia Natural en Nueva York*, Jorge Alderete, póster. 2017.
RIGHT PAGE // *The Professors Shapiro and Clark Examining the Moai at the Natoral History Museum in New York* , Jorge Alderete, poster. 2017.

EL LUNARIO PRESENTA:
SONIDO GALLO NEGRO
SONIDO LA CHANGA
RAMON ROJO
JUEVES 5 DE MAYO 2016 21:00 hS.
SGN

hotel

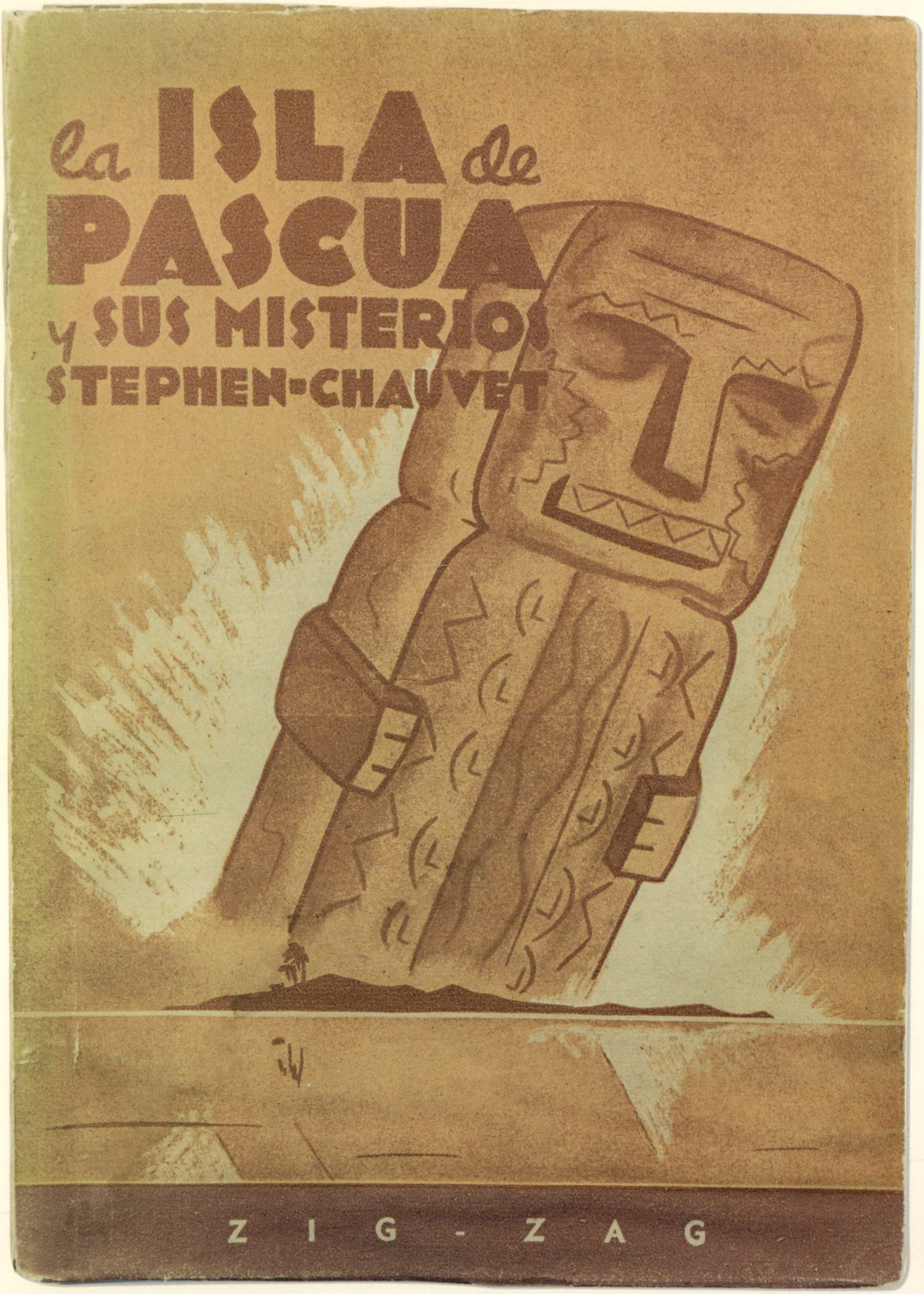
la ISLA de PASCUA
y SUS MISTERIOS
STEPHEN-CHAUVET
ZIG-ZAG

PÁGINA IZQUIERDA // *La Isla de Pascua y sus Misterios*, Stephen Chauvet. Chile: Zig Zag, 1937.

UNA COLECCIÓN GRÁFICA

POR JORGE ALDERETE

A lo largo de los años, fueron llegando a mis manos distintos materiales, gráficos sobre todo, relacionados con la Isla de Pascua y casi en particular con los moáis. Revistas, libros, discos y algunos pocos objetos. Creo que gran parte de este material, ayudó a introducir todo el imaginario rapanui en la cultura popular, y en el imaginario colectivo del siglo XX.

Al principio, los fui juntando casualmente, pero después se volvió una obsesión. La obsesión que dio forma a esta colección, que, por ponerle (y ponerme) un límite, acoté a materiales gráficos publicados antes de los años 80. Por supuesto, hay algunas excepciones, cuando el impreso es muy raro, o gráficamente me gusta más allá de su fecha. Como, por ejemplo, la revista polaca *Hipotezy* de 1989, un comic que narra los primeros asentamientos humanos en la isla; o *Predatori* de 1986, un comic italiano porno que transcurre en Rapa Nui, protagonizado involuntariamente por Clark Gable; o el libro *Kite Erua* de 1990, donde su autor, el argentino Juan N. Doray, asegura que fueron los vascos los primeros pobladores de Rapa Nui...

La colección está conformada por publicaciones provenientes de Chile, Argentina, Estados Unidos, México, Italia, España, Alemania, Polonia, Rusia, entre otros.

PÁGINA DERECHA // *La Isla de Pascua y sus Misterios*, Stephen Chauvet. Ilustración de portada *"Easter Islanders (1822)"* de Louis Choris. Chile: Zig Zag, 1946.

A GRAPHIC COLLECTION

By Jorge Alderete

Throughout the years, I have come into possession of distinct materials, above all graphic materials related to Easter Island and to the Moais in particular: magazines, books, albums, and several objects. A large part of this material is, I believe, what helped to introduce Rapa Nui imagery into the popular culture and the collective imaginary of the 20th century.

At first, I collected them casually, but it turned into an obsession. An obsession that gives form to this collection. To give it (and myself) a limit, I restricted it to graphic materials published before the 1980s. Of course, I have made some exceptions for very rare editions, those I appreciate graphically despite their date of publication. For example, there is the Polish comic *Hipotezy* from 1989, which tells the story of the first human settlements on the island; or *Predatori* from 1986, an Italian pornographic comic that takes place in Rapa Nui, starring Clark Gable as the unwilling protagonist; or the book *Kite Erua* from 1990, whose author, the Argentine Juan N. Doray, asserts that the Basque were the first settlers of Rapa Nui.

The collection is composed of publications from Chile, Argentina, the USA, Mexico, Spain, Germany, Poland, Russia, among others.

Dr. Stephen-Chauvet

LA ISLA DE PASCUA
Y SUS MISTERIOS

ZIG-ZAG

Der Wohlversuchte Südländer (Los sureños experimentados),
Carl Friedrich Behrens. Alemania: F.A. Bockhaus, 1923.

CARL FRIEDRICH BEHRENS
Der wohlversuchte Südländer
LEIPZIG × F.A. BROCKHAUS

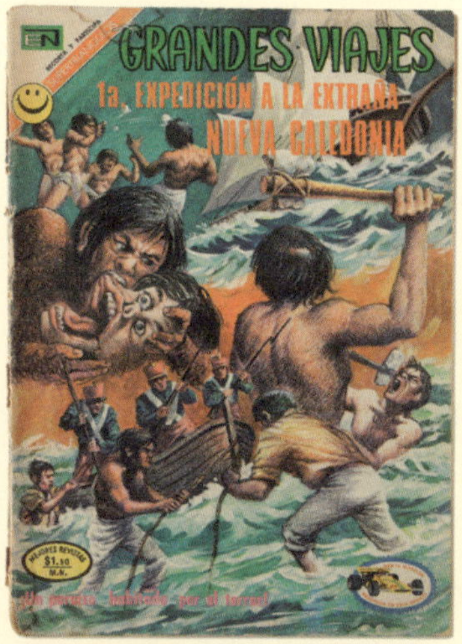

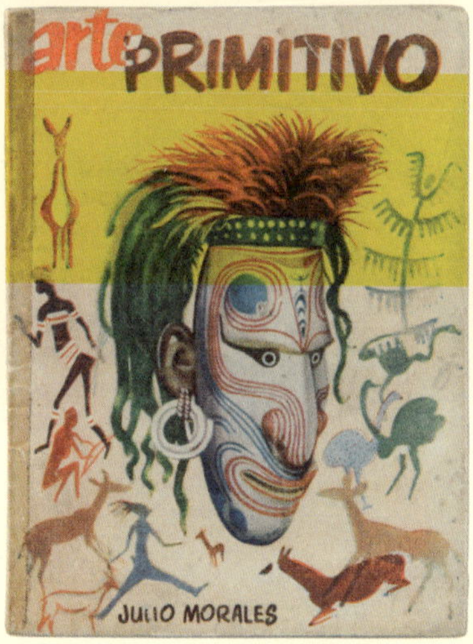

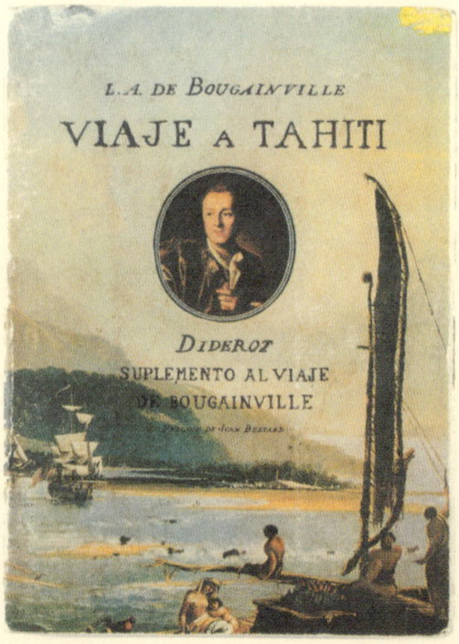

ARRIBA I // *Classics Illustrated #36* "Typee", Herman Melville, adaptado por Harry Miller, ilustraciones de Ezra Whiteman. Estados Unidos: Gilberton Company, 1946.

ARRIBA II // *Grandes Viajes #111* "La expedición a la extraña Nueva Caledonia". Ilustraciones de L. Macharé. México: Editorial Novaro, 1972.

ARRIBA III // *Enciclopedia Pulga #73*, "Islas Salomon", Manuel Bosch, portada de Coll. España: Ediciones G. P., 1950.

CENTRO I // *Historia del Pacifico*, Hendrik Willem Van Loon. Chile: Ediciones Ercilla, 1948.

CENTRO II // *Hawa'i*, A. Grove Day, portada de John V. Morris. México: Editorial Letras, 1966.

CENTRO III // *Enciclopedia Pulga #171*, "Arte Primitivo", Julio Morales, portada de Chaco. España: Ediciones G. P., 1950.

ABAJO // *Viaje a Tahiti*, L. A. Bougainville, diseño de portada de Rafael Llinás. España: Jose J. de Olañeta Editor, 1982.

PÁGINA DERECHA // *Entre los Cazadores de Cabezas de Nueva Guinea*, Frank Hurley. Argentina: Joaquin Gil Editor, 1956.

HURLEY
Entre los cazadores de cabezas de Nueva Guinea
108 ilustraciones en láminas
JOAQUIN GIL·EDITOR·BUENOS AIRES

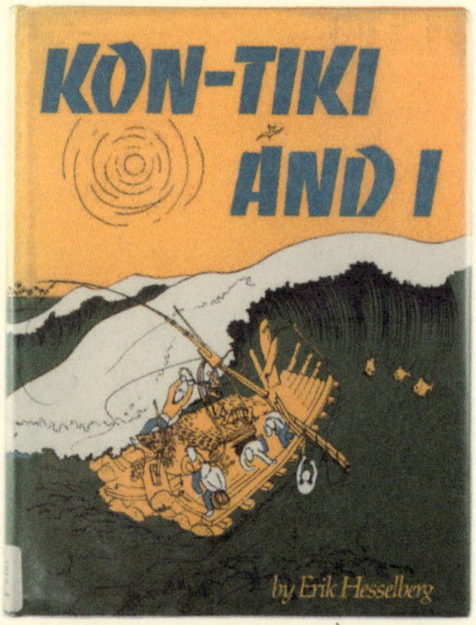

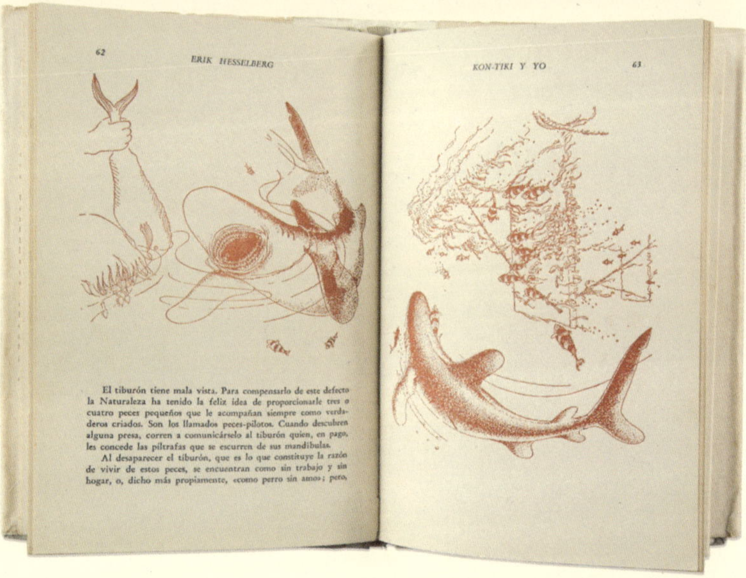
62 ERIK HESSELBERG

KON-TIKI Y YO 63

El tiburón tiene mala vista. Para compensarlo de este defecto la Naturaleza ha tenido la feliz idea de proporcionarle tres o cuatro peces pequeños que le acompañan siempre como verdaderos criados. Son los llamados peces-pilotos. Cuando descubren alguna presa, corren a comunicárselo al tiburón quien, en pago, les concede las piltrafas que se escurren de sus mandíbulas.

Al desaparecer el tiburón, que es lo que constituye la razón de vivir de estos peces, se encuentran como sin trabajo y sin hogar, o, dicho más propiamente, «como perro sin amo»; pero,

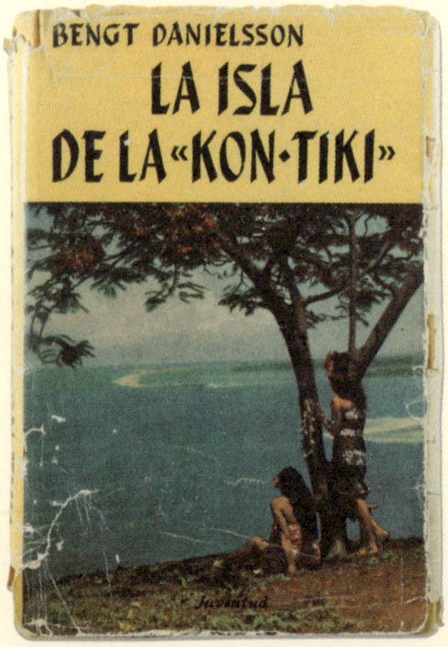

ARRIBA I // *Kon-Tiki,* Thor Heyerdahl, portada de Doctor. Argentina: Editorial Jackson de Ediciones Selectas, 1959.

ARRIBA II // *Kon-Tiki,* Thor Heyerdahl, portada de Gomez Carmona. México: Editorial Jackson, 1952.

ARRIBA III // *Kon-Tiki and I*, Erick Hesselberg. Estados Unidos: Prentice-Hall, 1970.

CENTRO I // *Enciclopedia Pulga #99*, "¿Tenía razón la Kon Tiki?", Manuel Bosch, portada de Coll. España: Ediciones G. P., 1950.

CENTRO II // *Kon-Tiki y yo*, Erick Hesselberg. España: Editorial Juventud, 1952.

ABAJO // *La Isla de la Kon-Tiki*, Bengt Danielsson. España: Editorial Juventud, 1954.

PÁGINA DERECHA // *Kon-Tiki y yo* , Erick Hesselberg. España: Editorial Juventud, 1952.

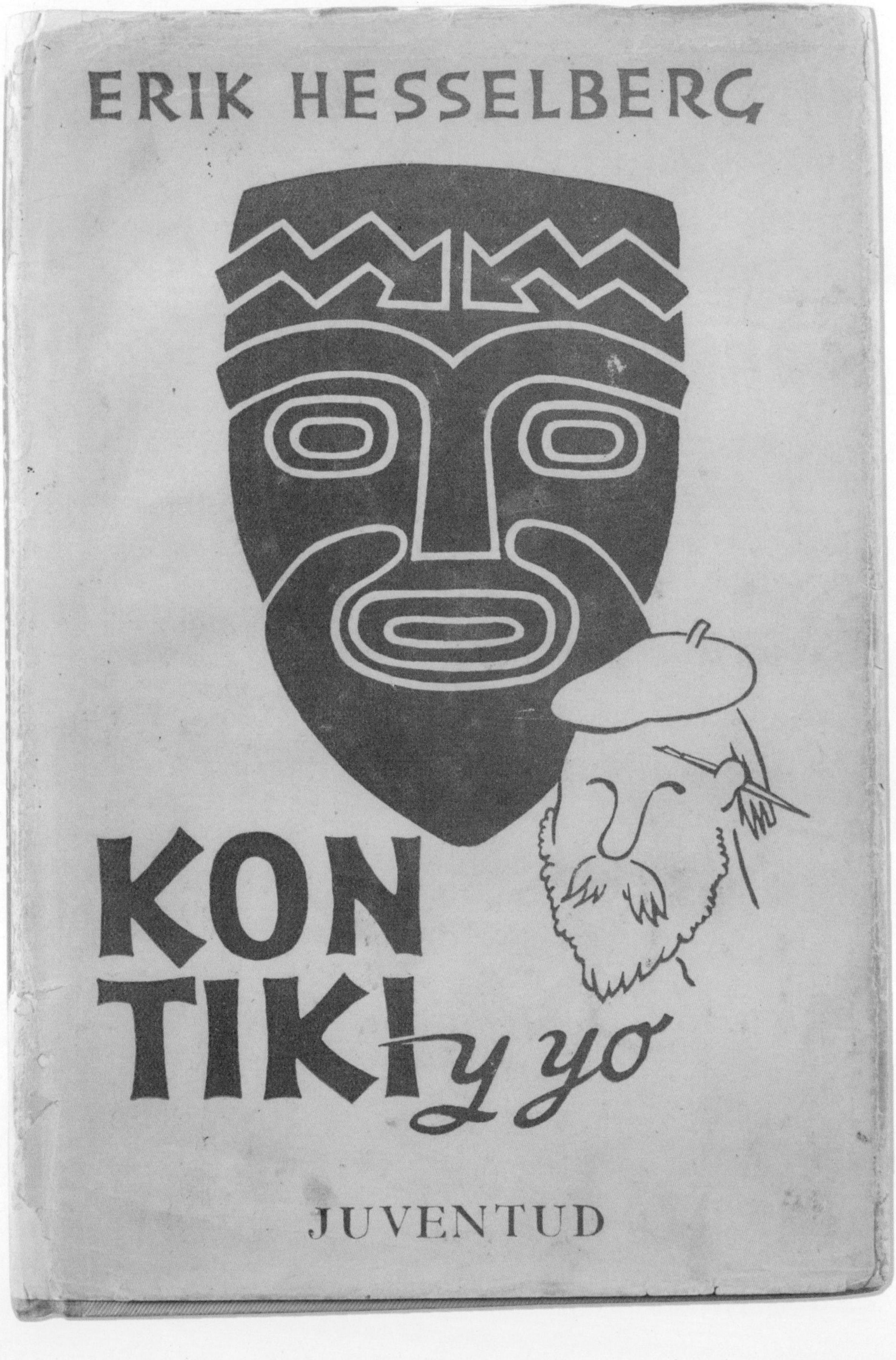
ERIK HESSELBERG
KON TIKI y yo
JUVENTUD

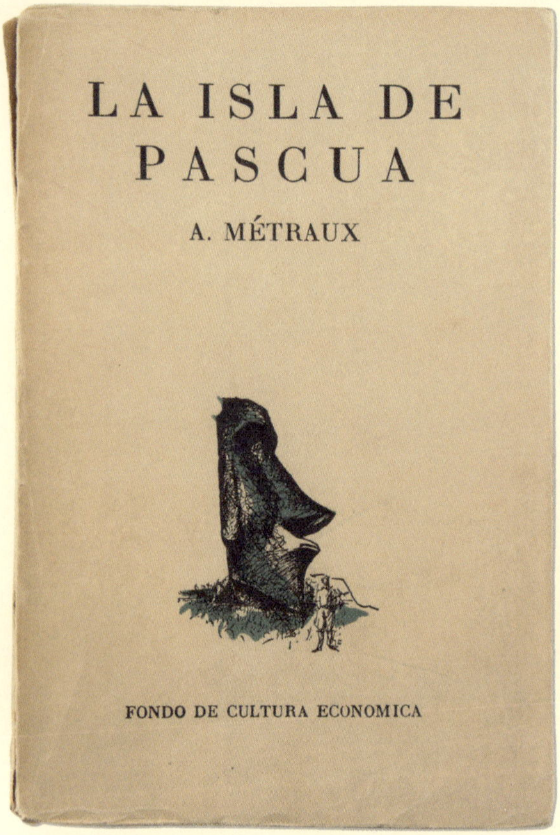

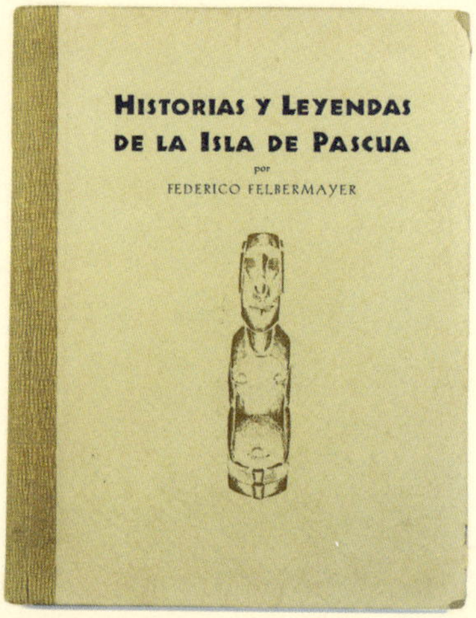

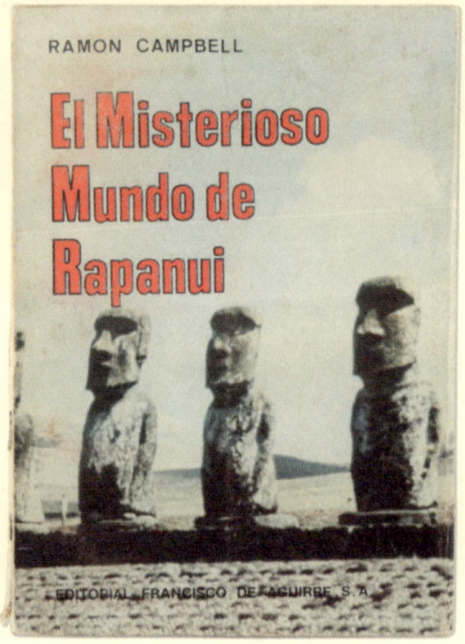

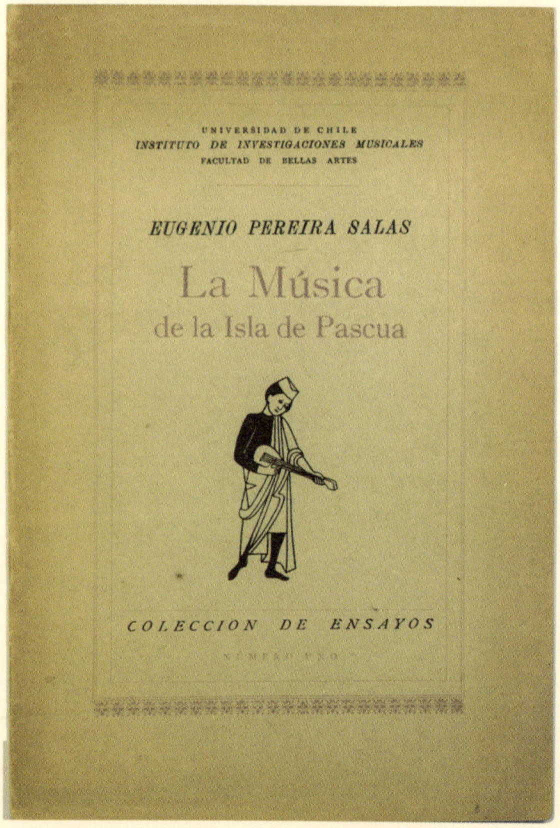

ARRIBA I // *La Isla de Pacua*, Alfred Métraux. México: Fondo de Cultura Economica, 1950.

ARRIBA II // *Historias y Leyendas de la Isla de Pascua*, Federico Felbermayer. Chile: Imprenta Victoria, 1948.

CENTRO // *El Misterioso Mundo de Rapanui*, Ramon Campbell, portada de Mario Cox Urrejola. Argentina: Editorial Fancisco de Aguirre, 1973.

ABAJO // *La Música de la Isla de Pascua*, Eugenio Pereira Salas, portada de Mauricio Amster. Chile: Universidad de Chile, 1949.

PÁGINA DERECHA // *Pascva o Rapa Nvi, La isla lejana y misteriosa que tiene Chile en los mares del Sur*, Raul Marin. Chile: Imprenta El Imparcial, 1945.

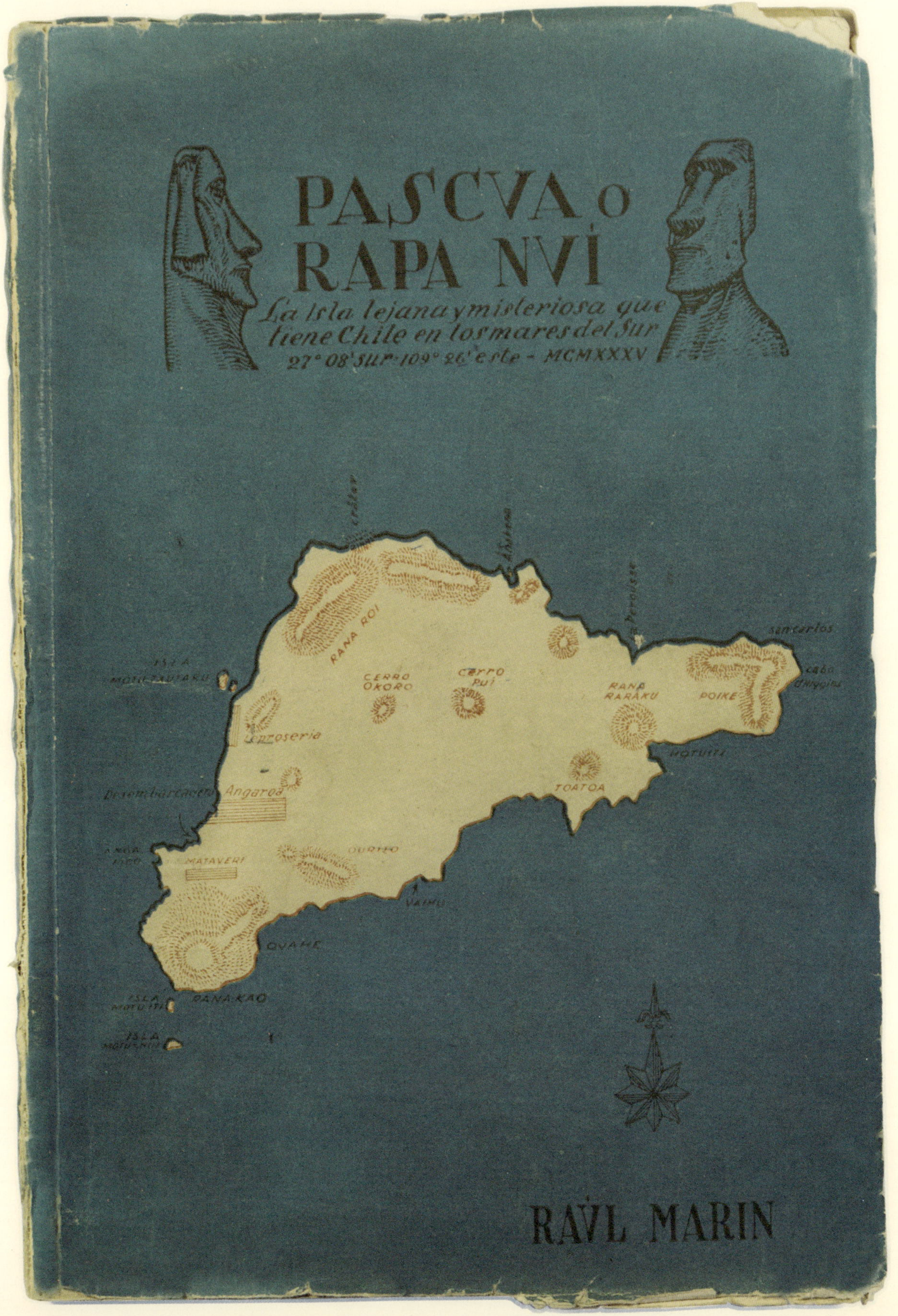
PASCVA o
RAPA NVI
La Isla lejana y misteriosa que
tiene Chile en los mares del Sur
27° 08' Sur - 109° 26' este - MCMXXXV
RANA ROI
CERRO OKORO
Cerro Pui
RANA RARAKU
POIKE
Leprosería
Angaroa
TOATOA
MATAVERI
OVAHE
RANA KAO
RAVL MARIN

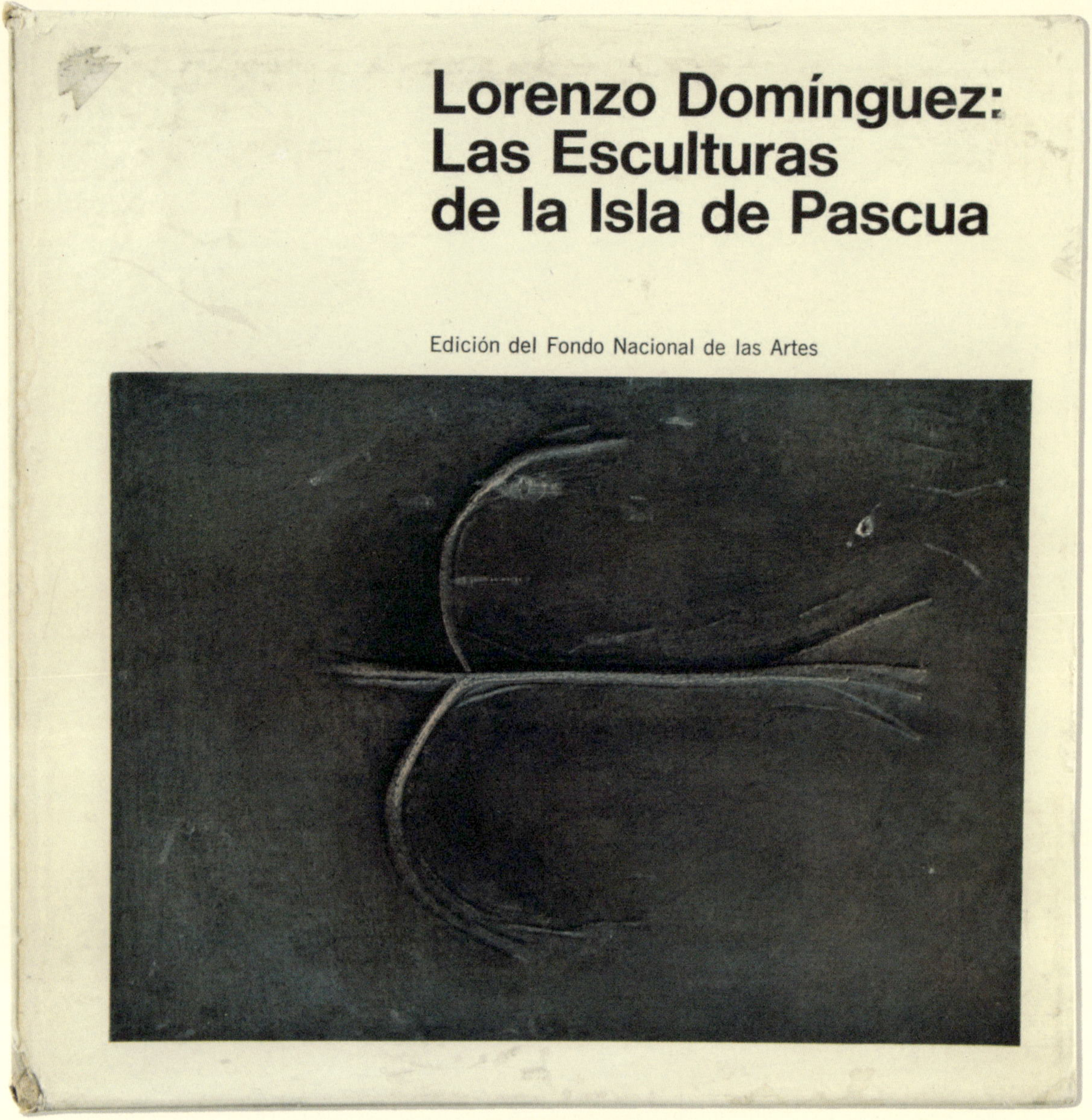

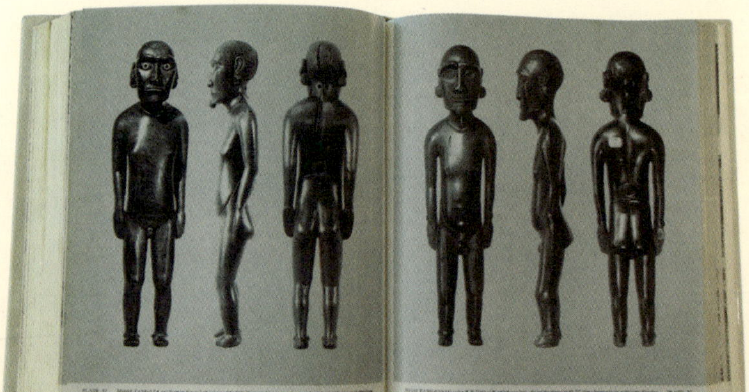

ARRIBA // *Lorenzo Domínguez: Las Esculturas de la Isla de Pascua*. Argentina: Fondo Nacional de las Artes, 1968.

ABAJO // Láminas 32 y 33 "Moai Tangata", *The Art of Easter Island*, Thor Heyerdahl. Estados Unidos: Doubleday & Company, Inc. 1975

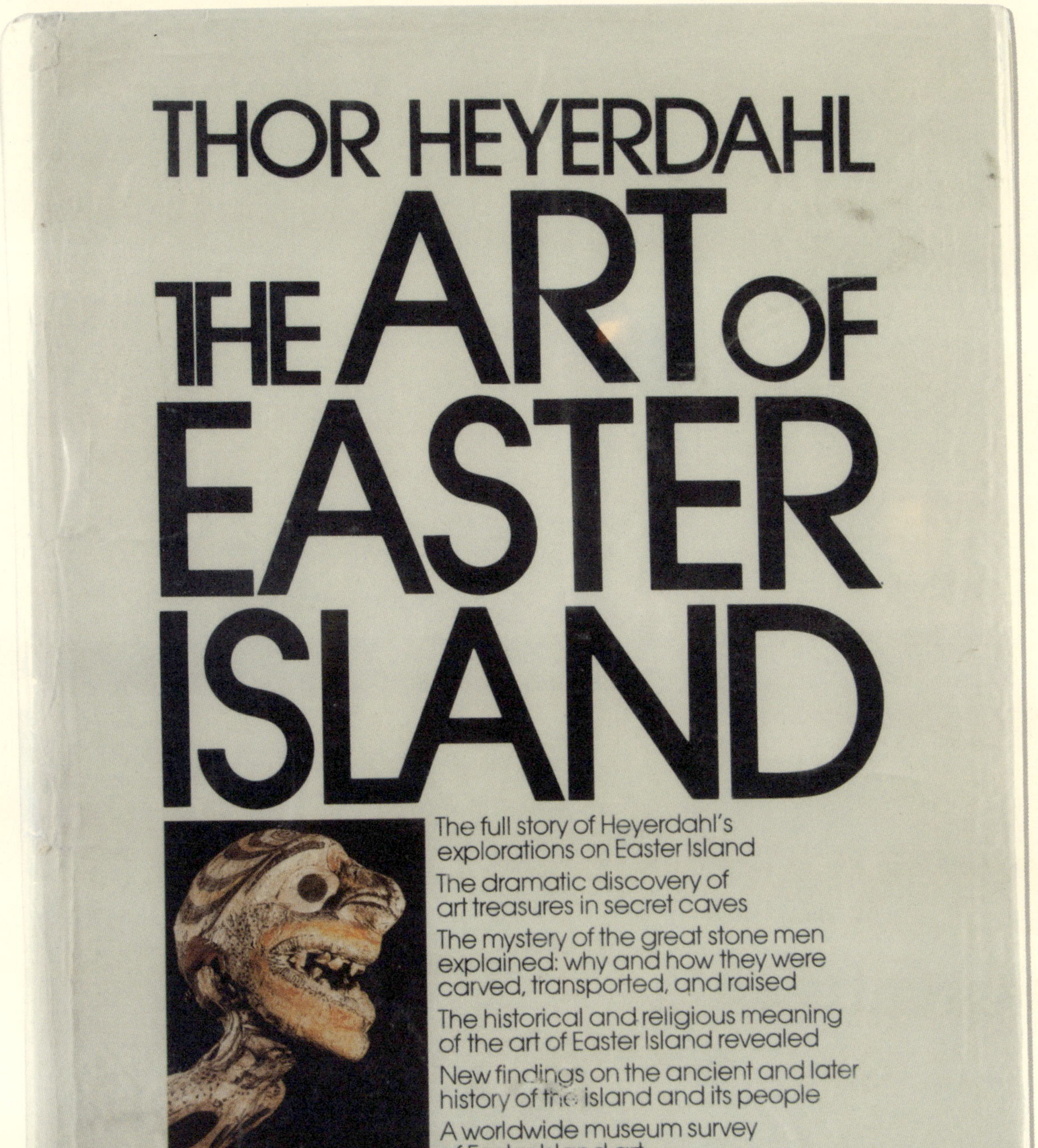

The Art of Easter Island, Thor Heyerdahl, diseño de cubierta por Rolf Bruderer. Estados Unidos: Doubleday & Company, Inc. 1975

ARRIBA // *Aku-Aku Påskön hemlighet*, Thor Heyerdahl, portada de Rolf Lagerson. Suecia: Holger Schildts Förlag, 1957.

ABAJO // *Aku-Aku El secreto de la Isla de Pascua*, Thor Heyerdahl. España: Editorial Juventud, 1958.

ABAJO II // Todas las imagenes del libro *Путешествие на "Кон-Тики" Аку-Аку* fueron redibujadas a partir de las fotos de las ediciones originales.
DOWN II // All images of the book *Путешествие на "Кон-Тики" Аку-Аку* were redrawn from the photos of the original editions.

PÁGINA DERECHA // *Путешествие на "Кон-Тики" Аку-Аку*, (edición rusa de *Kon-Tiki* y *Aku Aku*, Thor Heyendrahl), Rusia: Казахское государственное издательство художественной литературы, 1960.

Тур Хейердал
Путешествие
„Кон-Тики"
„Аку-аку"

Мы посадили кокосовый орех, привезенный из Перу.
Хаос на палубе после того, как плот был выброшен на риф.
Статуя Тики — так звали первого великого вождя на Таити. Островитяне видели в нем своего божественного предка.
Страна, которую открыл и заселил Тики.

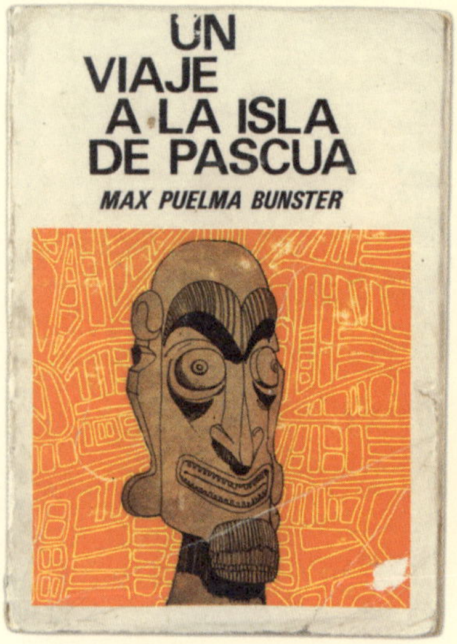

ARRIBA I // *Un viaje a la Isla de Pascua*, Max Puelma Bunster, portada de Luis Ruiz-Tagle P. Chile: Ediciones Valores Literarios, 1971.

ARRIBA II // *The Blind Guards of Easter Island*, Miriam Weiss Meyer. Estados Unidos: Raintree Publishers, 1977.

ARRIBA III // *Los Secretos de La Isla de Pascua*, Louis Castex. Chile: Joaquin Almendros Editor, 1968.

ABAJO I // *La Rosa Separada*, Pablo Neruda, portada de Joan Batallé. España: Editorial Seix Barral, 1977.

ABAJO II // *La Sorprendente Isla de Pascua*, André Valenta, portada de Chica. España: Ediciones SM, 1987.

ABAJO III // *Los Colosos de la Isla de Pascua*, Jean Corbiere. México: Editorial Posada, 1974.

PÁGINA DERECHA // *Rumbo a Oceanía*, Luis Merino Reyes, portada de Charles Burlacov. Chile: Zig-Zag, 1955.

N
Rumbo
a Oceanía
CHARLES B.
Luis
MERINO REYES
ZIG-ZAG

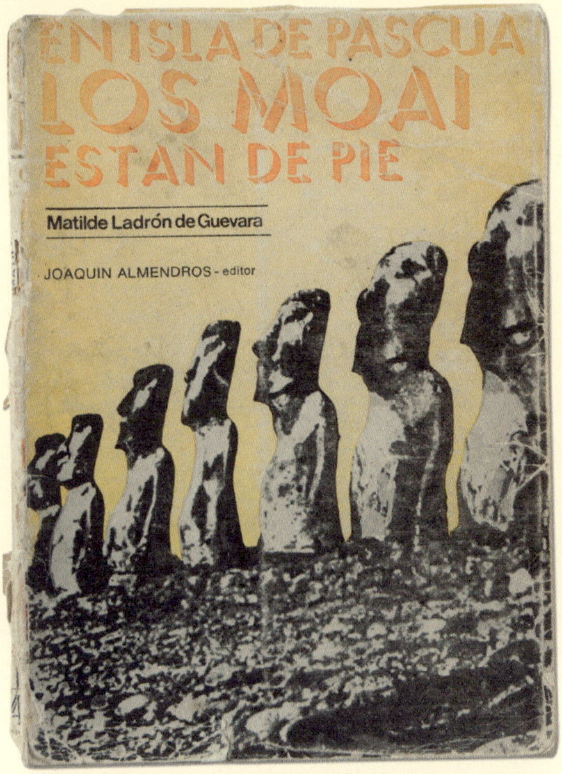

ARRIBA I // *En la Isla de Pascua Los Moai están de pie*, Matilde Ladrón de Guevara, portada de Mario Osvaldo Tassone. Chile: Joaquin Almendros editor, 1971.

ARRIBA II // *Fantástica Isla de Pascua*, Francis Mazière. España: Editorial Plaza & Janes, 1976.

ABAJO // *Urania #250*, "Le Sfere Di Rapa-Nui", Jimmy Guieu, portada de Karel Thole. Italia: Mondadori, 1961.

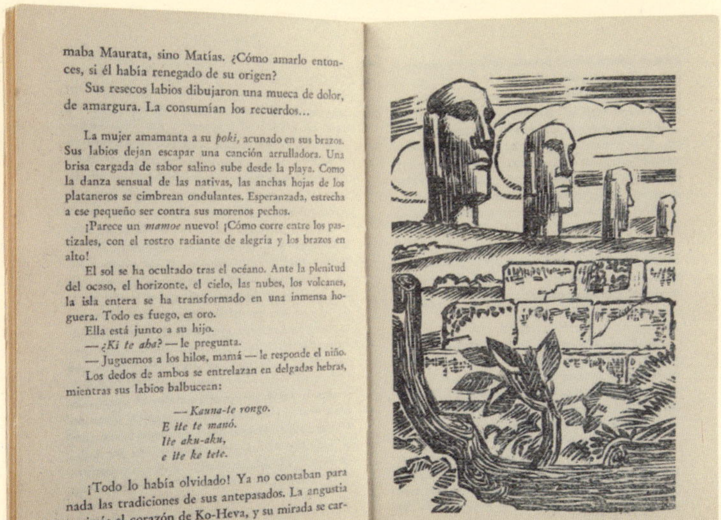
maba Maurata, sino Matías. ¿Cómo amarlo entonces, si él había renegado de su origen?

Sus resecos labios dibujaron una mueca de dolor, de amargura. La consumían los recuerdos...

La mujer amamanta a su *poki*, acunado en sus brazos. Sus labios dejan escapar una canción arrulladora. Una brisa cargada de sabor salino sube desde la playa. Como la danza sensual de las nativas, las anchas hojas de los plataneros se cimbrean ondulantes. Esperanzada, estrecha a ese pequeño ser contra sus morenos pechos.

¡Parece un *mamoe* nuevo! ¡Cómo corre entre los pastizales, con el rostro radiante de alegría y los brazos en alto!

El sol se ha ocultado tras el océano. Ante la plenitud del ocaso, el horizonte, el cielo, las nubes, los volcanes, la isla entera se ha transformado en una inmensa hoguera. Todo es fuego, es oro.

Ella está junto a su hijo.

— *¿Ki te aba?* — le pregunta.

— Juguemos a los hilos, mamá — le responde el niño.

Los dedos de ambos se entrelazan en delgadas hebras, mientras sus labios balbucean:

— Kauna-te rongo.
E ite te manó.
Ite aku-aku,
e ite ke tete.

¡Todo lo había olvidado! Ya no contaban para nada las tradiciones de sus antepasados. La angustia oprimía el corazón de Ko-Heva, y su mirada se car-

30

ARRIBA // *Studies in Weird Fiction 3. Donal Wandrei 1908-87*, portada de Robert h. Knox. Estados Unidos: Necronomicon Press, 1988.

ABAJO // *Narraciones de la Isla de Pascua*, Julio Flores portada de Colau, grabados dePedro Rui. España: Editorial Juventud, 1968.

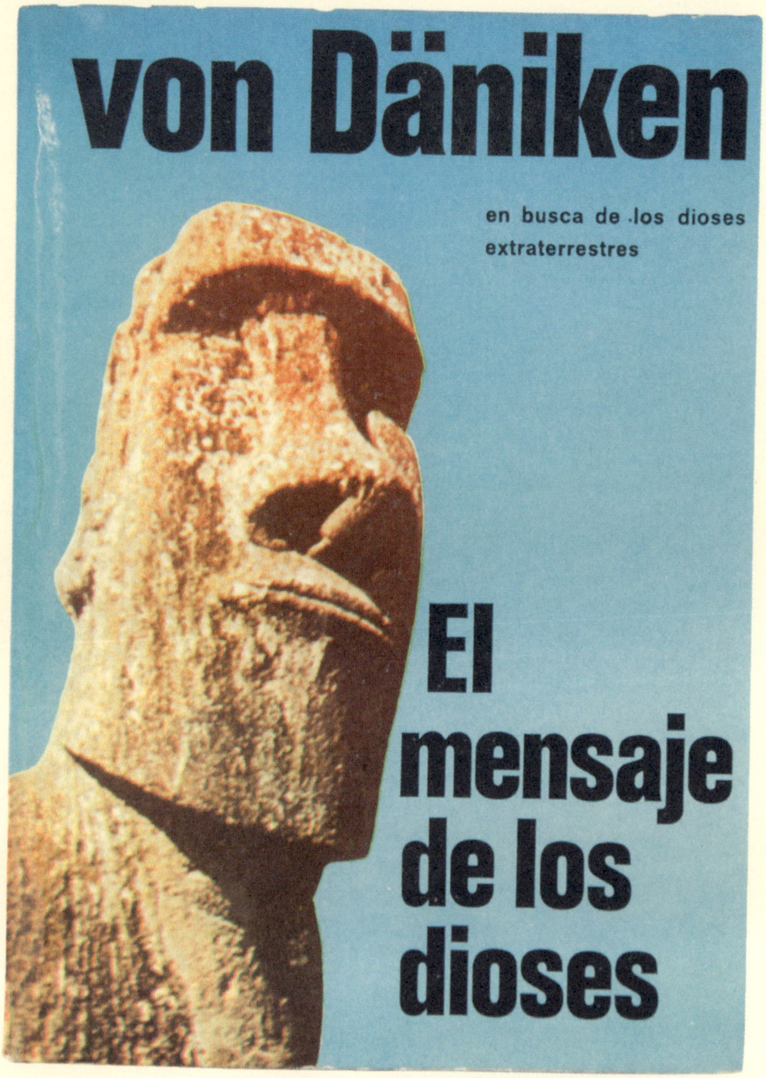

ARRIBA I // *Aventuras en las cinco partes del mundo*, Gutierre Tibón. México: Editorial Posada, 1977.

ARRIBA II // *El mensaje de los dioses*, Erich von Däniken, portada de Geest y Hoverstad. España: Ediciones Martinez Roca, 1977.

CENTRO // *地球の歩き方 Tierra Solitaria #102*, Japón: guia de viajes 2002-2003.

ABAJO // *Isla de Pascua en la pintura de Carlos Jaramillo Burgos*. Chile: Industrias Gráficas Carrión, 1974.

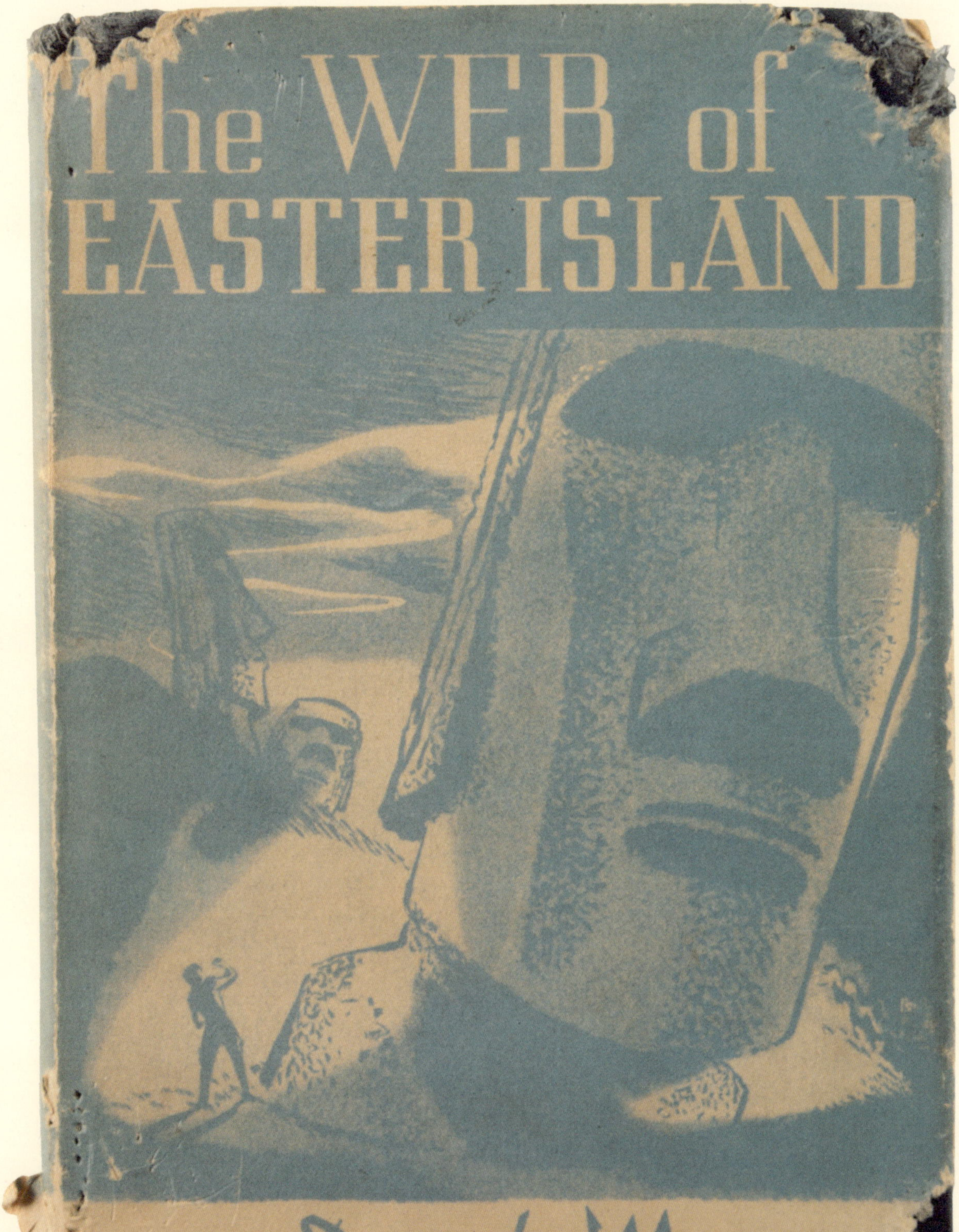

The Web of Easter Island, Donald Wandrei, portada de Audrey Johnson. Estados Unidos: Arkham House, 1948.

Fate Volumen 4 Número 1, "Mysteries of Easter Island", Mary Fuller. Estados Unidos: Clark Publishing Company, 1951.

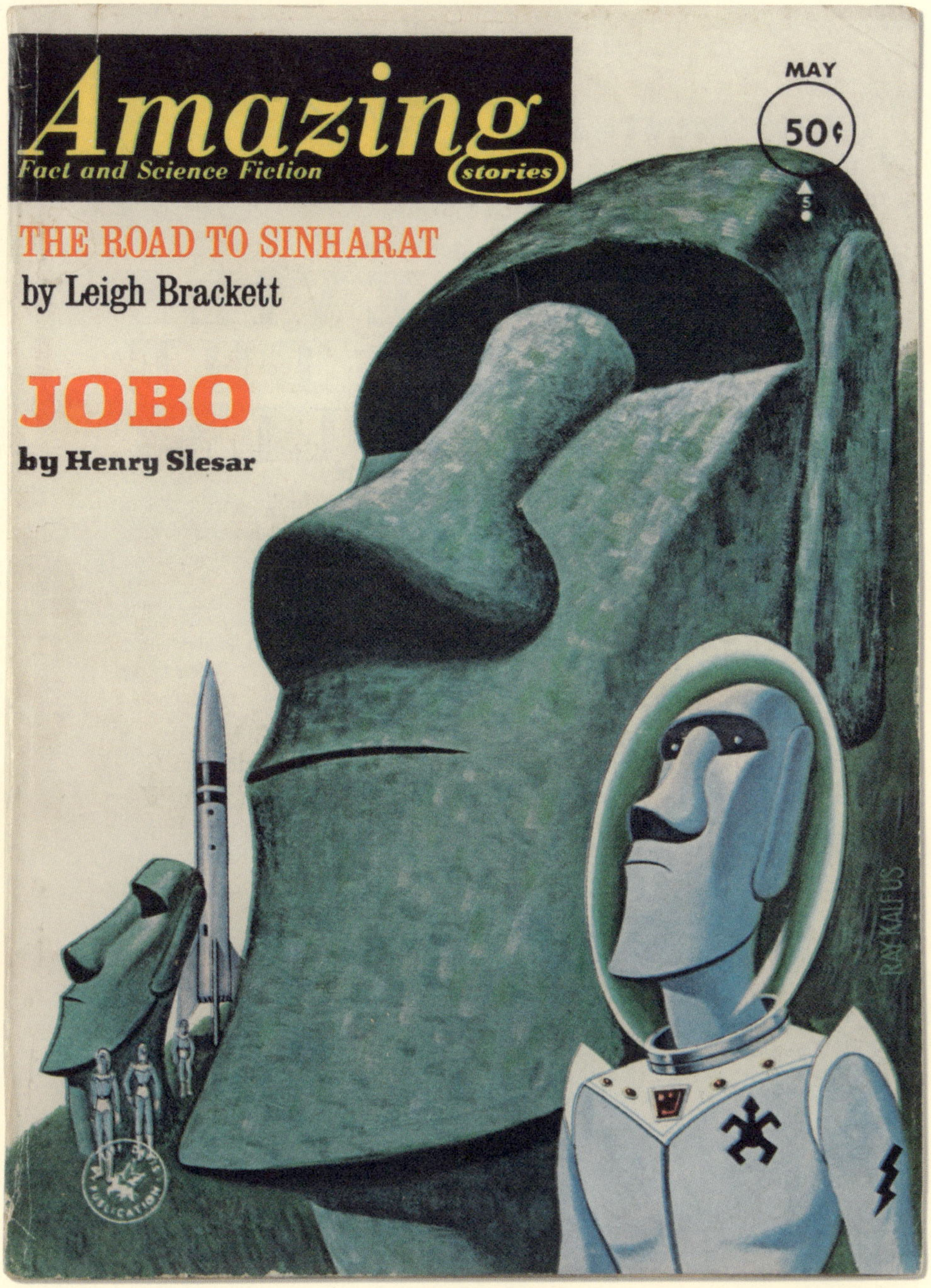

JOBO

By HENRY SLESAR

Illustrated by SUMMERS

Seldom has the mystery posed by the great stone statues of Easter Island been so ingeniously . . . so sympathetically . . . "solved" as in this tender, touching, exciting extrapolation by one of sf's finest writers.

WHEN they poke fun at me I keep shet. Grin and bear it my Ma says and there's nobody around these parts can champion me for grinning. I got the face for it. Sometimes the funning gets tiresome, all them little ones romping around me like a maypole and saying them words to set me hurting and them to laughing. Only now the big children already out know how peaceable I am and that don't make the grinning easy. The big children ain't content with hurting words, they get downright mean sometimes. You take that Micah Wernske, he started flinging rocks at me once and almost pushed the patience clean out of my head. I was fixing to hurt Micah Wernske that day, and lucky for him Ma came along and stopped me. She whomped me good on account of I tried to get my evens, and that whomping hurt me worse than the rocks Micah threw.

What I mean by "hurt" is this. Ma says I don't "hurt" like other folks. She says that's the way the good Lord made me, with a hide like a behemoth. When Ma whomps me it ain't the pain that hurts, it's all the crying Ma does. The tears roll down her face and I feel so bad inside that pretty soon I'm blubbering like a babe. I don't know what other folks mean by hurt, but that hurting inside me is a terrible sadness.

Well, I read the Bible dutiful like Ma wanted me to, and no offense, Lord, but I still can't figure the ways of folks. Every Sunday I hear Preacher Quill and he says God put us all down here in the sweet hills of Tennessee to

6

7

Amazing Stories Vol 37, No 5. Portada de Ray Kalfus. "Jobo" novela de Henry Slesar, ilustraciones de Summers. Estados Unidos: Ziff-Davis Publishing Company, 1963.

ARRIBA // *Martin Mystère #42* "Rapa Nui", portada de Giancarlo Alessandrini. Italia: Sergio Bonelli Editore, 1985.

CENTRO // *Mister No #60*. "Isola di Pasqua", portada de Ferri. Italia: Sergio Bonelli Editore, 1980.

ABAJO Y PÁGINA DERECHA // *Jacula #255*. "I giganti dell'Isola di Pasqua", ilustraciones de Giorgio Cambiotti. Italia: Ediperiodici, 1979.

JACULA
VIETATO AI MINORI DI 16 ANNI
i giganti
dell'isola di pasqua
L. 350

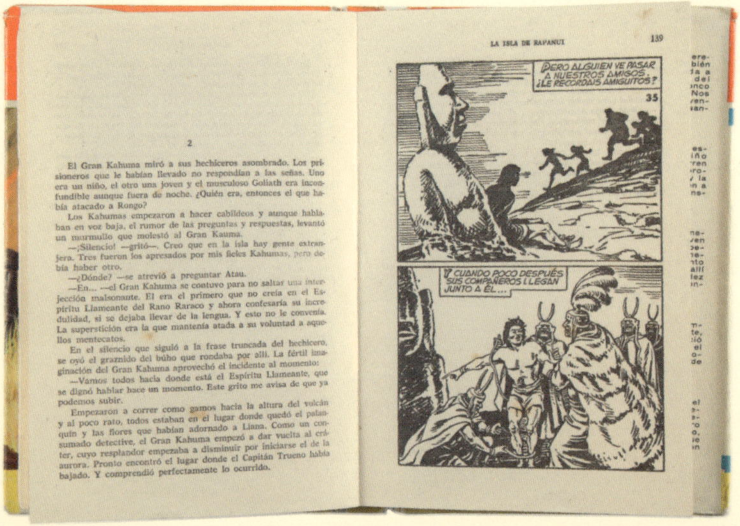

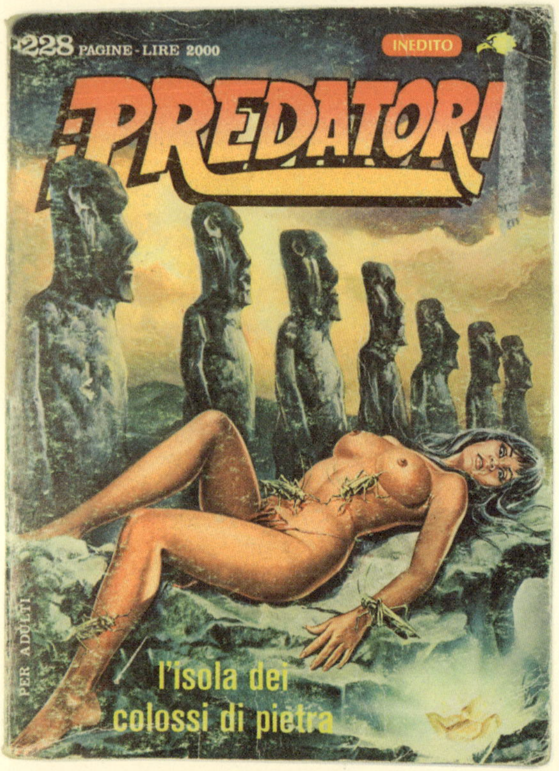

ARRIBA // *Capitán Trueno*, "La Isla de Rapa Nui". Colección Heroes, Nº 50, guión de Victor Mora, ilustraciones de Ambrós y Antonio Bernall. España: Bruguera, 1964.

ABAJO // *I Predatori #9*. "L'isola dei colossi di pietra", portada de Enzo Sciotti. Italia: Internazionale Ediperiodici, 1986.

El Eternauta #14, portada de Pablo Herliczka.
Argentina: Editorial Vea y Lea, 1963.

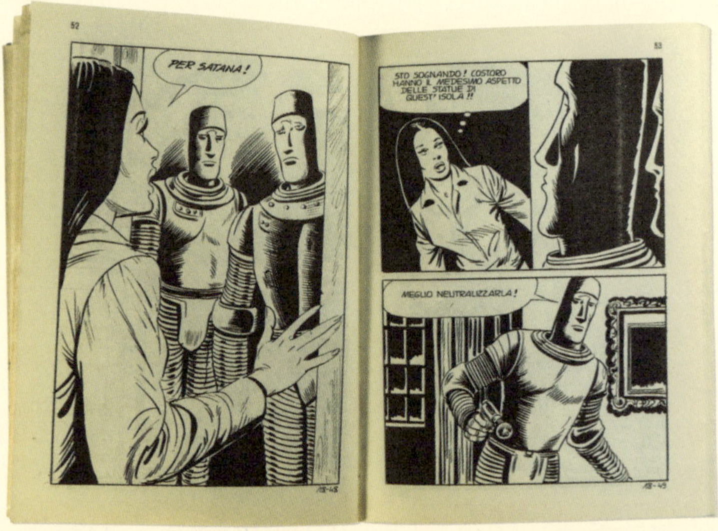

ARRIBA // *Sukia #18*. "I Misteri dell'Isola di Pasqua", portada de Emanuele Taglietti, Ilustraciones por Nicola del Principe. Italia: Edifumetto, 1979.

CENTRO // *Sukia # 57*. "Muerte en la Isla de Pascua", portada de Emanuele Taglietti, ilustraciones por Nicola del Principe. España: Ediciones Zinco, 1988.

ABAJO // *Sukia # 107*. "Gary ci ricasca", ilustraciones por Nicola del Principe. Italia: Squalo Comics, 1982.

Sukia # 107. "Gary ci ricasca", portada de Emanuele Taglietti. Italia: Squalo Comics, 1982.

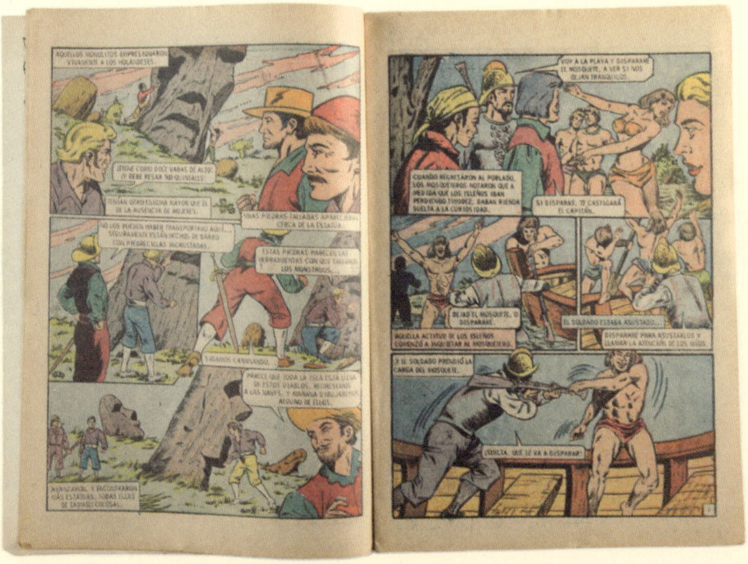

ARRIBA // *Walt Disney's Uncle Scrooge Adventures # 3*, portada de Daan Jippes, guión de Geoffrey Blum, lapices y tintas de Beatriz Bolster. Estados Unidos: Gladstone Publishing, 1988.

CENTRO // *Aventuras de la vida real #108*, "Kon-Tiki de Thor Heyerdahl". Adaptado por Federico Luna, ilustraciones por José Suarez, portada de Victor M. Carrillo. México: Editorial Novaro, 1964.

ABAJO Y PÁGINA DERECHA // *Grandes Viajes #79*. "El misterio de la Isla de Pascua", ilustraciones de J. Kstro. México: Editorial Novaro, 1969.

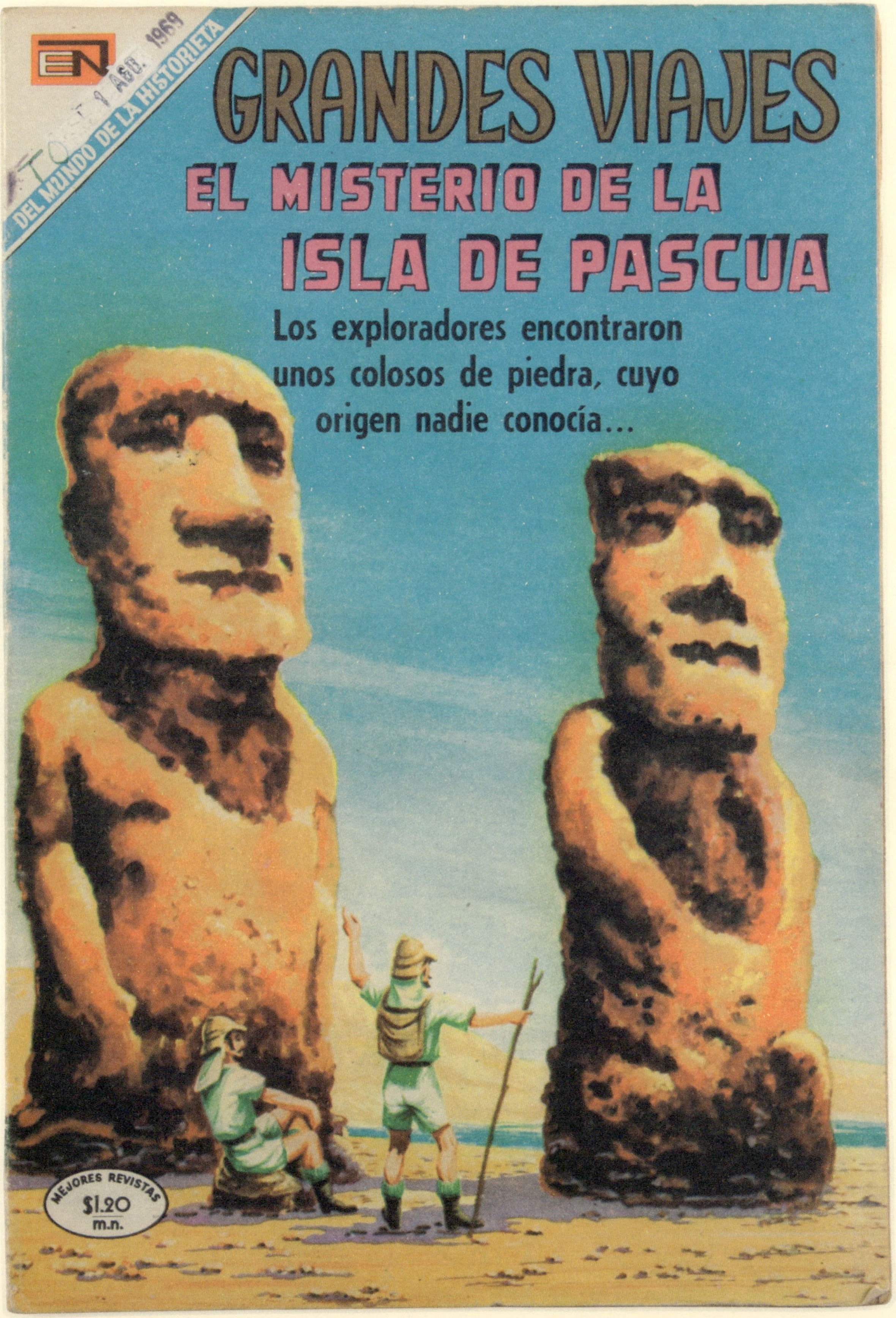
EN
DEL MUNDO DE LA HISTORIETA
1 AGO. 1969
GRANDES VIAJES
EL MISTERIO DE LA
ISLA DE PASCUA
Los exploradores encontraron
unos colosos de piedra, cuyo
origen nadie conocía...
MEJORES REVISTAS
$1.20
m.n.

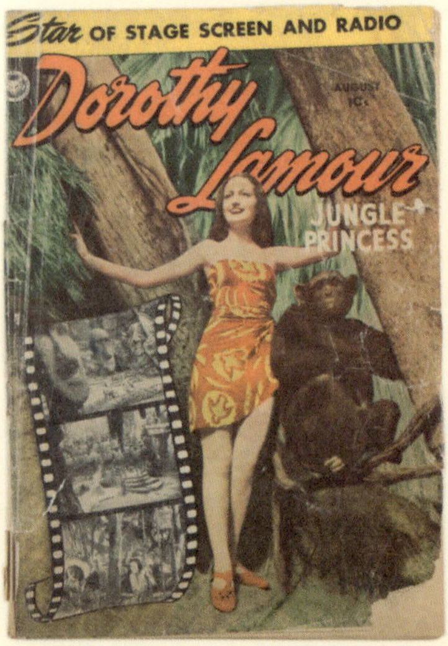

ARRIBA // *Operation Peril #7,* "The Time Travelers", guión de Richard Hughes, lapices y tintas de Ken Bald. Estados Unidos: American Comics Group, 1951.

CENTRO Y PÁGINA DERECHA // *Strange Adventures Volumen 1 #16,* "The Secret of Easter Island", portada e ilustraciones de Gil Kane, guión de Edmond Hamilton. Estados Unidos: DC comics, 1952.

ABAJO // *Dorothy Lamour Jungle Princess #3,* foto de portada de Culver Service. Estados Unidos: Hero Books, 1950.

AMAZING SCIENCE-FICTION TALES!
SUPERMAN DC NATIONAL COMICS
JAN.. NO.16
10¢
STRANGE ADVENTURES
YOU HAVE BETRAYED THE SECRET OF EASTER ISLAND! NOW—AWAIT YOUR DOOM!

ARRIBA // *Where Creatures Roam #3*, lapíz portada de Jack Kirby, tinta portada de Steve Ditko."Here Comes...Thorr the Unbelievable", lapices de Jack Kirby, tinta de Dick Ayers. Estados Unidos: Marvel Comics, 1970. Reimpresión de *Tales to Astonish # 16* , 1961.

CENTRO // *Weird War Tales #34*, portada de Luis Dominguez. "The Common Enemy!", guión de George Kashdan, lapices y tintas de Jack Sparling. Estados Unidos: DC Comics, 1971.

ABAJO // *Where Monsters Dwell #24*. "I was trapped of The Thing on Easter Island" lapices de Jack Kirby, tintas de Christopher Rule. Estados Unidos: Marvel Comics,1973. Reimpresión de *Tales to Astonish # 5*, 1959.

PÁGINA DERECHA // *Tales to Astonish # 5* "I was trapped of The Thing on Easter Island" lápices de Jack Kirby, tintas de Christopher Rule. Estados Unidos: Zenith Publishing, 1959.

TALES TO
ASTONISH!
APPROVED BY THE COMICS CODE AUTHORITY
5
SEPT.
10¢
I WAS TRAPPED BY...
"The THINGS on EASTER ISLAND!"

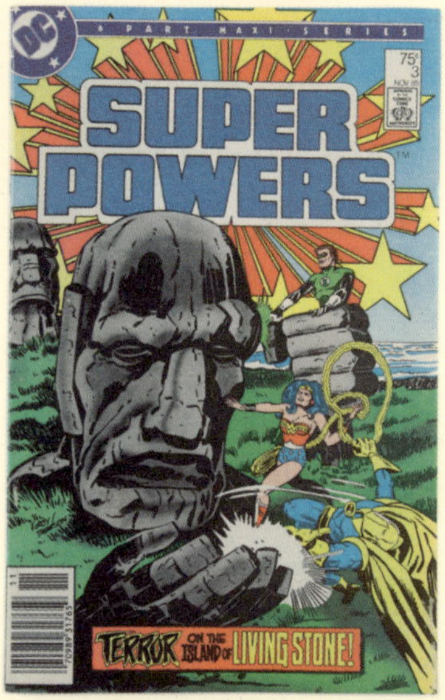

ARRIBA // *Super Powers Volumen 2 y 3.* "Terror on the Island of Living Stone!", portada e ilustraciones de Jack Kirby, guión de Paul Kupperburg. Estados Unidos: DC Comics, 1985.

CENTRO // *Thor Volumen 1 #318.* "A Kingdom Lost", portada, lapices y tintas de Gil Kane, guión de Doug Moench. Estados Unidos: Marvel Comics,1982.

ABAJO // Anuncio Tiki Gods en *Justice League of America #15*, 1962.

ARRIBA // *Superman y Los Guardianes del Mundo*, portada de Ross Andru y Frank Giacoia, guión de E. Nelson Bridwell, lápices de Alex Saviuk, tintas de Pablo Marcos. México: Editorial Novaro,1983. Reimpresión de DC Comics *Presents Vol 1 #46* "Superman and the Global Guardians", 1982.

ABAJO // *Justice League of America #15*, portada de Murphy Anderson. "The Challenge of the Untouchable Aliens!", guión de Gardner Fox, lápices de Mike Sekowsky, tintas de Bernard Sachs. Estados Unidos: DC Comics, 1962.

ARRIBA // T*omb of Darkness Volumen 1 #16*. portada de Ron Wilson. "Back from the Dead! Terror lurks en Easter Island". guión de Larry Lieber y Stan Lee, lápices de Jack Kirby, tintas de Dick Ayers. Estados Unidos: Marvel Comics, 1975.
Reimpresión de *Tales of Suspense Vol 1 #28*, 1962.

ABAJO // *Chamber of Chills #11*, portada de Ron Wilson y Frank Giacoia. "Back from the Dead! Terror lurks en Easter Island", guión de Larry Lieber y Stan Lee, lápices de Jack Kirby, tintas de Dick Ayers. Estados Unidos: Marvel Comics, 1974.
Reimpresión de *Tales of Suspense Vol 1 #28*, 1962.

PÁGINA DERECHA // *Kona, Monarch of Monster Isle #13*. "Attacked by the lost tribe of Stone Head Island!", portada e ilustraciones de Sam J. Glanzman. Estados Unidos: Dell Publishing, 1965.

DELL
12c
12-398-503
JAN.-MAR.
KONA
MONARCH OF
MONSTER ISLE
ATTACKED BY THE
LOST TRIBE OF
STONE HEAD ISLAND!

ARRIBA // *Challengers of the Unknown #59*. portada de Bob Brown, tintas portada de Neal Adams. "Seekeenakee - the Petrified Giant!", guión de Arnold Drake, lápices y tintas de Bob Brown. Estados Unidos: DC Comics, 1968.

PÁGINA DERECHA // *House of Mystery #85*. "The Stone Sentinels of Giant Island!", portada de Jack Kirby. "The Stone Sentinels of Giant Island", lápices y tintas de Jack Kirby. Estados Unidos: DC comics, 1959.

SUPERMAN DC NATIONAL COMICS
10¢
HOUSE of MYSTERY
APR. NO. 85
APPROVED BY THE COMICS CODE AUTHORITY
"The STONE SENTINELS of GIANT ISLAND!"
IT'S NOT JUST A CARVED STONE FACE--IT'S ACTUALLY A GIANT EMERGING FROM THE GROUND!

PERO EL SINIESTRO DOCTOR DRAGO NO PUDO ACTIVAR EL MÓDULO, YA QUE UNA SILUETA INVISIBLE LE CAYÓ ENCIMA.
¿QUÉ DEMONIOS PASA...? ¡OH!
¡LLEGÓ EL AMIGO DE LOS NIÑOS!
ES UNA SABIA DECISIÓN, DOCTOR DRAGO.
NOO... MI MANO. ¡ME RINDO!
AHORA, LO LLEVARÉ AL "LOBOAVIÓN" Y USTED REGRESARÁ A PRESIDIO.
PERO... ¿Y TUS AMIGOS?
MURIERON COMBATIENDO LA MALDAD Y EL CRIMEN. ELLOS SERÁN DECLARADOS HÉROES MUNDIALES.
PERO TÚ... PUEDES RESCATAR SUS CADÁVERES.
¿PARA QUÉ? MEJOR MANDARÉ A UNA ESCUADRILLA DE ZAPADORES SELECTOS.
LA ISLA... ¡TIEMBLA!...
26
EN LA COLINA DEL GRAN LAGARTO, LA CABEZA ACTIVADA POR EL ROBOT SALÍA DE SU LECHO DE ARENA, PROVOCANDO UN TERREMOTO.
RUAARJ
HABÍA ESTADO ALLÍ DURANTE MILES DE AÑOS, PERO LLEGABA LA HORA DE SALIR.
RRAARJ
EL GIGANTE DE PASCUA SE IRGUIÓ MAJESTUOSO. HABÍA SIDO CREADO POR LOS VISITANTES DEL PLANETA CLEO, Y DEJADO COMO TESTIMONIO DE SU AVANZADA CULTURA.
AHORA, HABÍA DESPERTADO Y BUSCABA A SU NUEVO AMO.
¡AQUÍ ESTOY! ¡LIBÉRAME!
NO SEA USTED LLORÓN, DOCTOR DRAGO.
LOS HOMBRES DE VERDAD SE DEFIENDEN SOLOS.
SÍ, PERO MUEREN PRONTO. YA VISTE A TUS AMIGOS.
27

MIENTRAS, EN LA ISLA DE PASCUA...
EL DOCTOR DARWIN HIZO ESTUDIOS MUY INTERESANTES SOBRE LOS GRANDES LAGARTOS DE ESTA ISLA.
PERO NO PUDO EXPLICAR EL ORIGEN DE ESTAS GRANDES CABEZAS.
SI LOGRAMOS ANIMARLAS, TAL VEZ YO PUEDA UTILIZARLAS. AYÚDAME.
CONECTA TUS RAYOS ELECTROLUMÍNICOS PARA ENERGETIZAR EL BULBO DE LA CABEZA MAYOR.
14
CONCENTRA TU ENERGÍA EN EL ENCÉFALO Y ACTIVA EL TERCER GENERADOR.
AHORA QUIERE DECIRNOS ALGO... PONGAMOS ATENCIÓN.
EL EXPERIMENTO FUE INTERRUMPIDO POR EL ZUMBIDO DE UN AVIÓN.
¡OH, NO!... ¡EL HEROICO "ESCUADRÓN LOBO" LLEGA EN EL MOMENTO MENOS OPORTUNO!
EL AVIÓN SE PIERDE EN EL EXTREMO SUR DE LA ISLA PARA ATERRIZAR. QUIEREN SORPRENDERNOS.
15

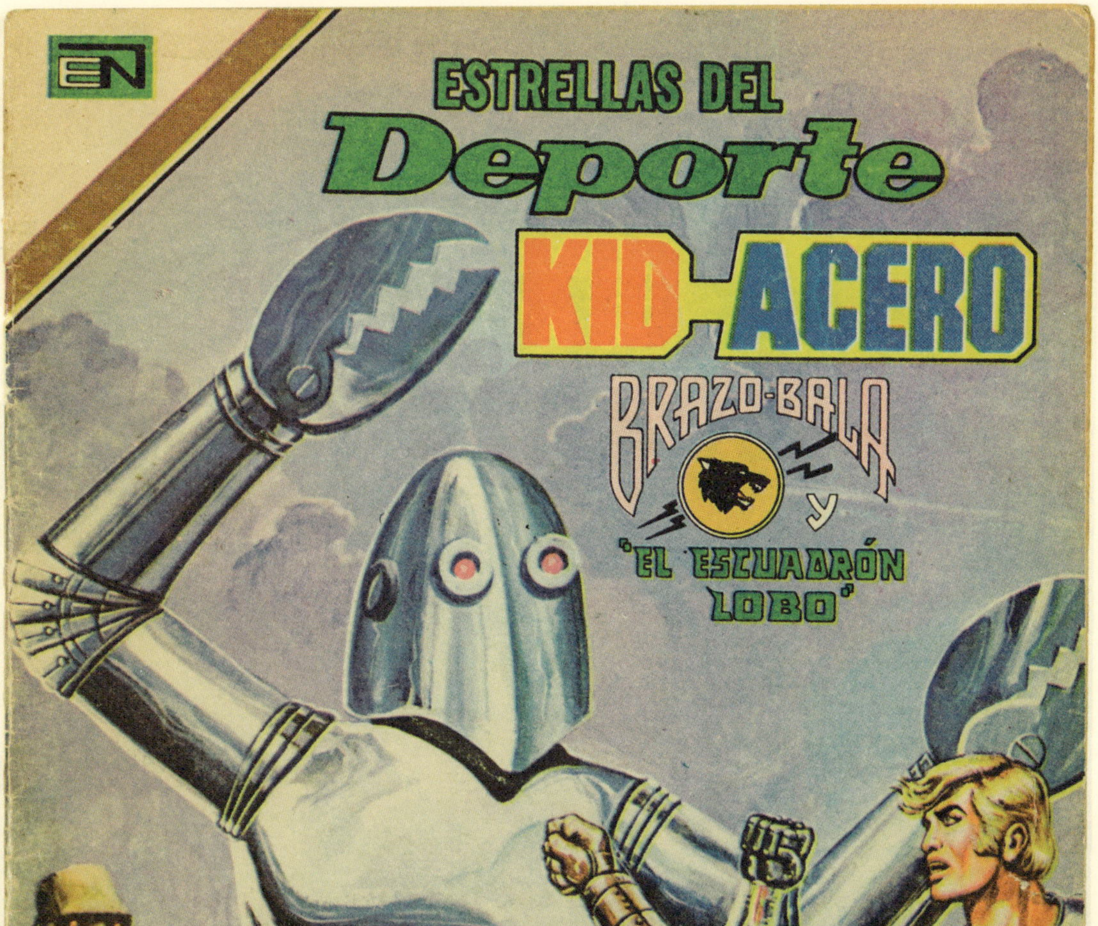

Estrellas del Deporte, Serie Aguila #2-224, Kid Acero Brazo Bala y el Escuadrón Lobo en: "Un Extraño VIsitante", portada de Antonio Santillán, guión de Pedro Zapiain Fernández, ilustraciones de Antonio Santillan, Raul Perales, Carlos Orozco, y Francisco Islas. México: Editorial Novaro, 1978.

ARRIBA // Las Aventuras de Ogu, Mampato y Rena. "Mata-Ki-Te-Rangui", guión y dibujos de Thelmo Lobos. Chile: Dolmen ediciones, 1998.

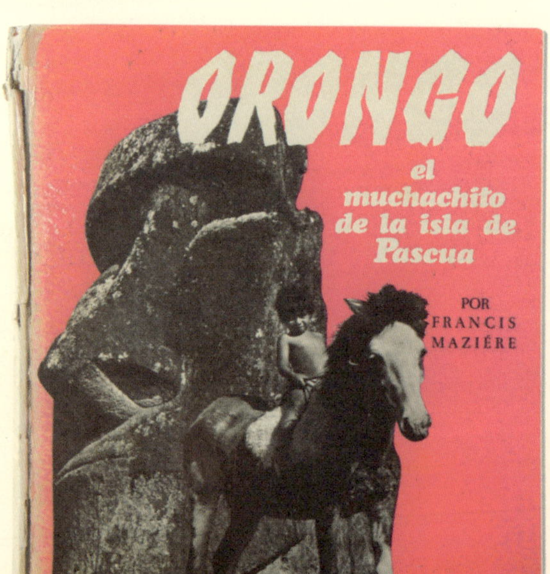

PÁGINA IZQUIERDA // *Orongo, el muchachito de la Isla de Pascua*, Francis Maziére. España: Editorial Fher, 1970.

ESTA PÁGINA // Contraportada de la revista *Mampato #114*. Thelmo Lobos. Chile: Editorial Lord Cochrane, 1972.

ARRIBA // *Duda #38* "¿A quién esperan los gigantes de la isla de pascua?", Investigación y adaptación de Tomas Doreste. Ilustraciones de Luis Chavez Peón. México: Editorial Posada, 1972.

CENTRO // *Duda #396*, "Nan Madol, La otra Isla de Pascua", investigación y adaptación de Erwin Moller. Ilustraciones de Luis Chavez Peón. México: Editorial Posada, 1979.

ABAJO // *Tajemnice Wyspy Wielkanocnej (Secretos de la Isla de Pascua)*, guión de Wiesława Wierzchowska, ilustraciones de Jerzy Wróblewski. Polonia: Sport i Turystyka,1989.

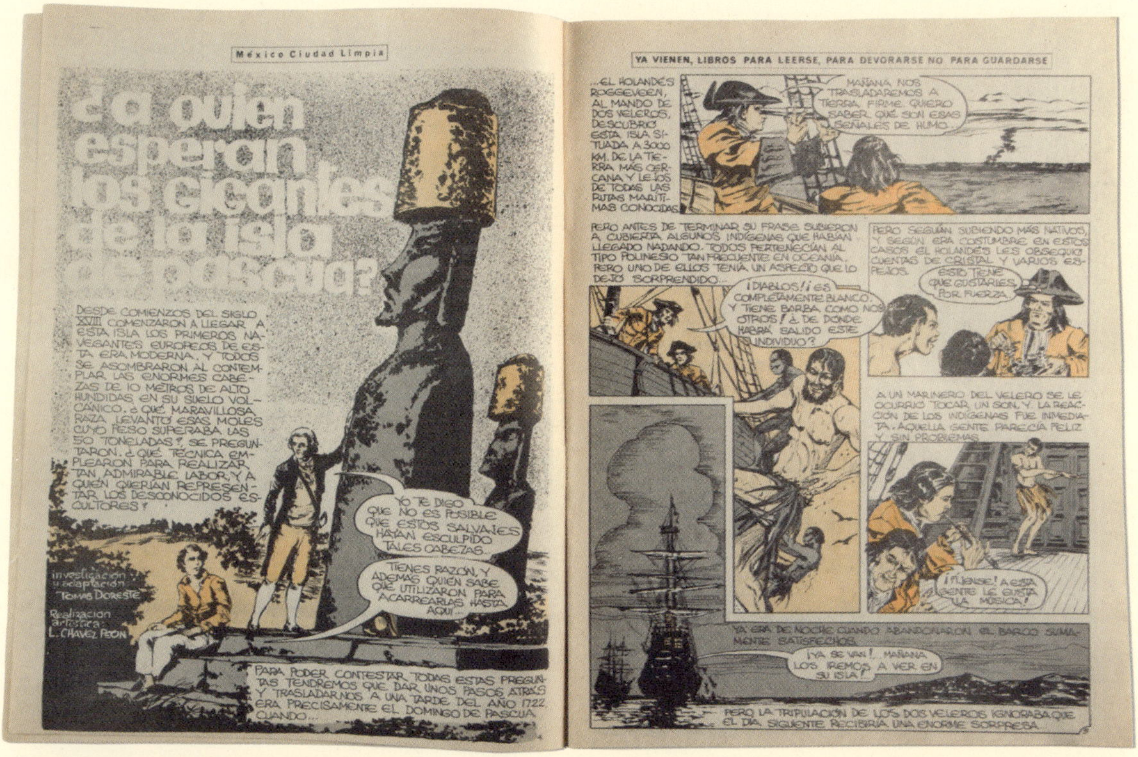

Duda #38 "¿A quién esperan los gigantes de la isla de pascua?", Investigación y adaptación de Tomas Doreste. Ilustraciones de Luis Chavez Peón. México: Editorial Posada, 1972.

ARRIBA // *Escape to Easter Island.* , publicidad de Canadian Club. Estados Unidos: Life Magazine, 1941.

ABAJO // *Zeit im Bild / Illustrierte 9*, "Geheimnisvolle Osterinsel (Misteriosa Isla de Pascua)", artículo e ilustraciones de Adelhelm Dietzel. Alemania: Sachsenverlag, 1957.

Zeit im Bild / Illustrierte 9, "Geheimnisvolle Osterinsel (Misteriosa Isla de Pascua)", portada de Adelhelm Dietzel. Alemania: Sachsenverlag, 1957.

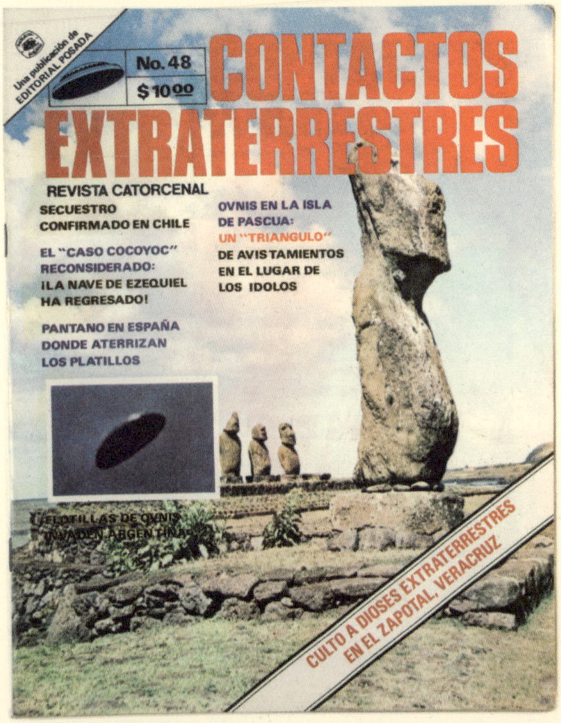

ARRIBA I // *Contactos Extraterrestres #48*. México: Editorial Posada, 1978.

ARRIBA II // *Contacto OVNI #6*. México: Mina Editores, 1996.

ABAJO // *Reporte OVNI #10*. México: Mina Editores, 1993.

Contactos Extraterrestres #96, portada de Miguel Angel Montaño. México: Editorial Posada, 1980.

¿Existió otra humanidad?, Walt G. Donovan, portada de Cortiella. México: Ediciones Roca, 1978.

Mysteries, Monsters and Untold Secrets,
George Laycock, portada de Ted Hank.
Estados Unidos: Scholastic, 1978.

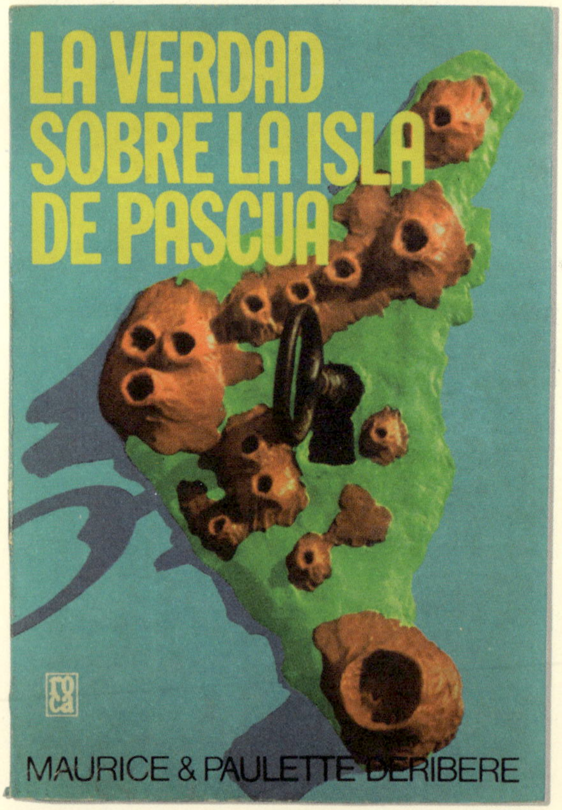

ARRIBA I // *Operación Rapa Nui*, Antonio Ribera. España: Editorial Pomaire, 1975.

ARRIBA II // *El hombre, la piedra, el cielo. Isla de Pascua*, Jorge D' Amato. Argentina: Ediciones Manutara, 1970.

CENTRO // *Isla de Pascua, Kite-Erua: los baskos en América Precolombina*, Juan N. Doray. Chile: Imprenta Marangunic Hermanos, 1990.

ABAJO // *La verdad sobre la Isla de Pascua*, Maurice y Paulette Deribere. México: Ediciones Roca, 1978.

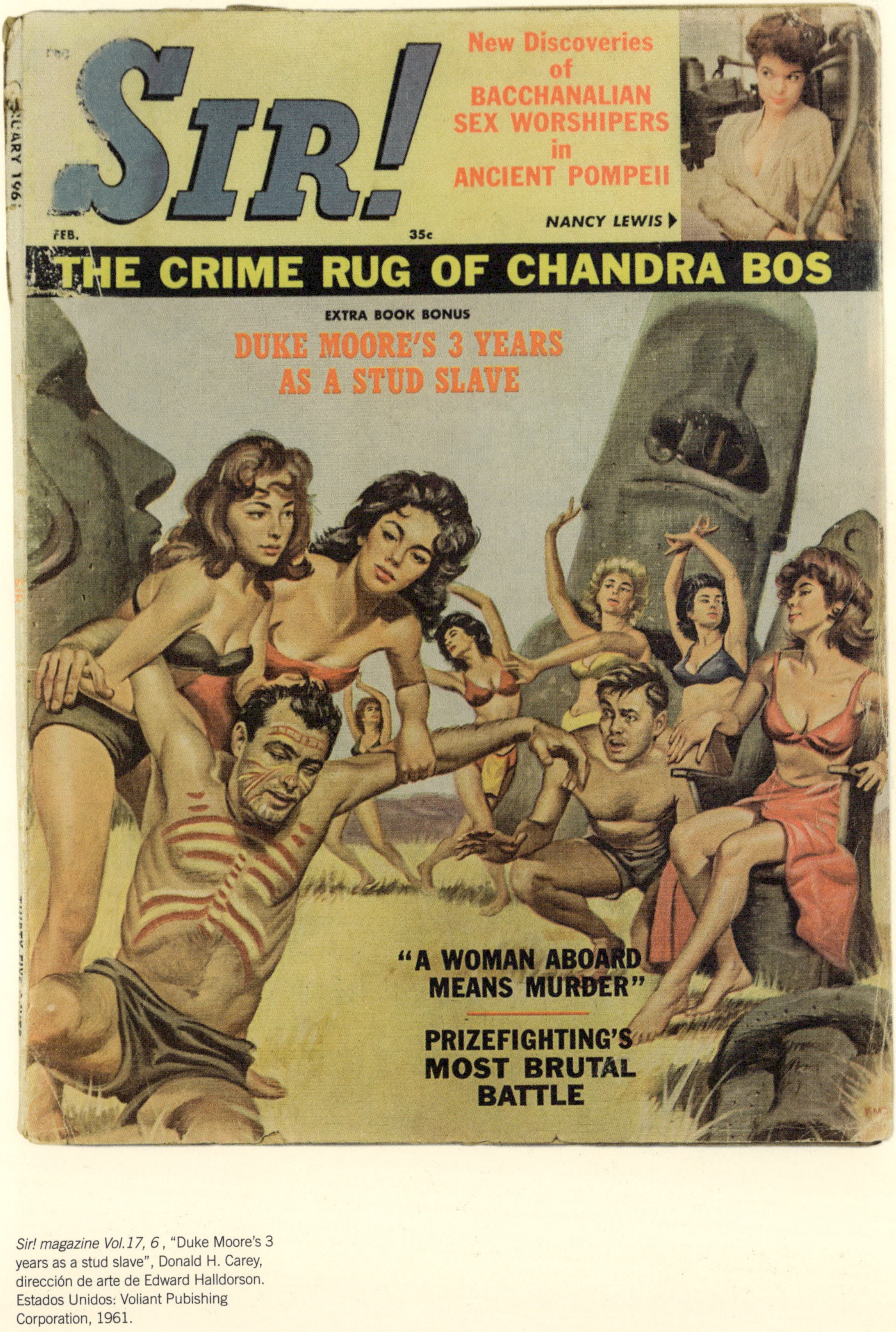

Sir! magazine Vol.17, 6 , "Duke Moore's 3 years as a stud slave", Donald H. Carey, dirección de arte de Edward Halldorson. Estados Unidos: Voliant Pubishing Corporation, 1961.

"THE EVIDENCE"
BY
EVIDENCE

Styx

THE ULTIMATE IN TRANSISTORIZED STEREOPHONIC HI-FIDELITY SOUND –
LST 7001
LIBERTY
STEREO
FORBIDDEN ISLAND
the exotic sounds of
MARTIN DENNY
PRINTED IN U.S.A.

ARRIBA IZQ I // *The Evidence,* de Evidence, portada de W. Siudmak. Canada: Phonogram, 1979.

ARRIBA IZQ II // *Pieces of Eight* de Styx, portada de Hipgnosis. Estados Unidos: A&M, 1978.

ABAJO IZQ // *Forbidden Island, The exotic sound of Martin Denny*, portada de Garret Howard. Estados Unidos: Liberty Records, 1958.

ARRIBA // *Rodgers & Hammerstein's South Pacific*, Peggy Lee, Margaret Whiting y Gordon MacRae. Estados Unidos: Capitol Records, 1958.

ABAJO // *Zot,* portada de Bob Defrin. Estados Unidos: Elektra/Asylum Records, 1985.

ARRIBA // *Savage Island, The Instrumental Sound of The Bomboras.* Portada de Shag. Estados Unidos: Dionysus Records, 1995.

ABAJO // Arte para *Britxotica! London's Rarest Primitive Pop and Savage Jazz*, portada de Paul Flack. Reino Unido: Trunk Records, 2015.

ARRIBA I // *Great Hawaiian Hits*, The Mills Bros. Estados Unidos: Dot Records, 1961.

ARRIBA II // *Cantos y ritmos de Isla de Pascua* , Los Pascuenses, Los Pascuenses. Portada de Maio San Martin. Chile: EMI, 1967.

CENTRO I // *Lautaro Llempe en Isla de Pascua*, Luataro Llempe. Chile: RCA Victor, 1971.

CENTRO II // *Isla de Pascua* de Magot Loyola y Conjunto Pascuense. Chile: RCA

ABAJO // *Tararaina*. Chile: IRT, 1972. Victor, 1966.

Agradecimientos

Al personal del Museo Antropológico Padre Sebastián Englert
Francisco Torres Hochstetter, Paula Valenzuela Contreras, Paulina Torres Jeria, Lilian Lopez Labbe, Marlene Hernández Vásquez, Pelayo Tuki Macke, Simón León Tepano.

Al personal del Museo Nacional de las Culturas
Dr. Carlos Vázquez Olvera, Mtra. Gloria Falcón, German Rostan, Raffaella Cedraschi, Gerardo P. Taber, Luis Felipe Crespo, Mireya Ortiz Lozano.

a Clarisa Moura por estar siempre.
a Comunas Unidas (Manuel Cordova, Mymy) por el documental, el viaje, los marcos y un largo etc.
a Selva Hernandez y sus Ediciones Acapulco editora del libro de bocetos de Rapa Nui.
a Anahí Luna, Alejandro Magallanes, Sven Kirsten y Jesús Pacheco por sus maravillosso textos.
a Mariela Sancari, Gerardo Montiel Klint, Pamela Enríquez por las fotografias.
a René Alejandri y Jorge Romero que apoyaron mi primer viaje a la isla de la mano de New Era.
al Archivo Miguel Covarruvias, Universidad de las Américas Puebla.
a Sebastián Sampieri y N11 Motion.
a John Naranjo y Carolina Rey.
a Diego Caballero.

A todos los que eventualmente he molestado directa o indirectamente pidiéndoles ayuda con algo relacionado a *Tike'a*: Giselle Sancari, Maru Aguzzi, Adolfo Cordova, Dana Gutierrez, Laura Alderete, Israel Martinez, Carlos Chimal, Eder Franco, Jose Soto Buzzetti, Margarita Soto Buzzetti, Elsa Pate, Te Pou Huke, Roelof van Gelder (biografo de Jacob Roggeveen), Ian Conrich (moaiculture.com), James Teitelbaum (Bigstonehead), Alex Guerra Terra, Alejandro Agostinelli, Socorro Venegas, Derek Yaniger, Mitch O'connell, Allan Sieber, Emory Douglas, Sebastian Acampante, Julio Carrasco, Emmanuel García, Agustin Comotto, Furillo, Jorge Rueda, Munktiki, Boom Boom Kid, Jimmy Virani, Joe Salamanca, Otto Von Stroheim, Danny Amis (Los Straitjackets), Thor Erik Havn (The Plantronics), Jonpaul Balak (Tikiyaki Orchestra), Vernon Stoltz, Xavier Meade, Roberto Gutierrez Duran (Revista Aire).

A todos los que colaboraron desde la plataforma de Kickstarter

Jorge Lautaro Alderete, Lidia Beatriz Zapata, Ariel Ibarroule, Laura Varsky, Federico Lamas, Tim Harrison, Javier Caso, Diego Caballero, Fernando de Sarriera, Cesar Zanardi, Steven Doyle, Andris Berzins, Andrew Martin, Colton Day, Kote Soto, Francisco Torres, Jimmy Virani, Jerome Laojia, Julie Pastis, Mirko Bohme, Arne Radtke, Marc Wnuck, Holger Krupp, Gerund Cheung, Maja Bakic, Sasja Barentsen, Metehan Agaca, Keri Thompsom, Irina, Marcus Stake, Fredrik Berggren, Jonas Gamma, Beatriz López, Eloy Rubio, Iván Castro, Carles Riobo, José Sánchez, Raquel Camacho, Iván Sáez, Agustín Comotto, Ricardo Muñoz, Juan Roller, David Tavares, Ignacio Murillo, Isabel Gaspar, Xavier Junqueras, Jorge Rueda, Marta Báez, Manuel Tabuenca, Fernando Sánchez, Iván Narváez, Joe Bianco, Alexander Dies, Aristóteles Alvarez, Jesús Pacheco, Cipriano Nava, Armando Martínez, Neyva de Ita, Fernando Larrea, Cotaman Tensai, Quique Ollervides, Denise Gutiérrez, Raúl Sotomayor , Diego el Barbón, Guillermo Gallegos, Marco Colin, Irma Celio, Maru Aguzzi, Ana Dávila, Santiago Solís, Is Amavizca, Laura Alderete, Salma de la Rosa, Alfonso Mandala, Alfonzo Maldonado, Danny Amis, Roger Omar, Emiliano García, Nicolás Sánchez, Juana Varela, Pau Masiques, Oscar Salinas, Rafael Gómez, Vanessa López, Julio Gonzales, Leonel Sagahón, Alma Lázaro, Tim Kash, Scott Greenway, Michael Barnes, José Palos, Christina Caira, Donald Gray, Tom LoBue, Pat, William Keena, Heath Farrell, Alexander Fox, Terry Cronin, Jared Brock, Jeremy Devlin, Adam Kennedy, Christiana Murillo, Jones Traveling, Raoul Miller, Michael Lujan, Douglas Scott, Will Penny, Jen Bakija, Otto Von Stroheim, Ted Brannon, Robin Puyenbroeck, Eric Baldwin, Adrián Cardwell, Bob Shaff, Winston Kou, Kurt Daniel, Ed Mann, Jiji D, Scott Almes, Catherine Wartelle, Victoria Timpe, Resnick Ohana, Stan Scoggins, Cora Blits, Pale Horse, Adrian Spidle, Eric Bruce, Robert Bullet, Matthew Crowe, Suellen Germani, Troy Slama, Kris Reifer, Eric Banks, Oscar Manjarrez, Mitch O'Connell, Simon Cleveland, Erik Spoke, Don Albrecht, Franklin Yeager, Andy Montero, Munktiki, Julie Spradley, Remyzero, Mike Fickel, Maeghan B, Nelson Osorio, Yancey Strickler, Darick Massen, Jay Harman, Christopher Grau, Dan Pierson, Harley Jebens, James, Liam Ohman, Andrew DeCandis, Shawn Warcot, Saajan 9000, Jax Pineda, Ronnie Mozingo, Tooba Durrani, Alex Christensen, Kenneth Graham, Chris E, Cayetana García, Kristopher Paulk, Haley Fiege, Stephanie Wagner, Ginger Gillete, Emily Muñoz, Matt Madden, Eric Damon, Tai la Bella, Georgina Rovirosa, Robynne Raye, Karma Elston, Stephanie Fox, Mike Lee, Frank, Shannon L, Daniel Teoh, Gerard Zeeuw, Jeffrey Warnock, Peter Hartman, Moni Smith, Pedro Alfaro, Marissa D, Raul Kins, Gustavo Velazco, Michael Jones, Jon Brommet, Keshav Sapru, Ellen Power, Patrick Albrecht, Nisse R, Holly Peterson, Peter Boyle, Ely Kaufman, Jake Palermo, Nick Yulman, Alejandro Alcazar, David Wilson, Mike Whelan, Laura Rushing, Hamilton Scott, Tasha Turner, Sayri Yepez, Armando A.C, Ray Rico.

TIKE´A, Rapa Nui y las islas del Pacífico Sur se terminó de imprimir en el mes de abril de 2018 en las prensas de Editorial Delfin S.A.S. en Bogotá. Se utilizaron las fuentes de la familia Trade Gothic diseñada por Jackson Burke en 1948 y Baskerville diseñada por John Baskerville en 1757.